薪をくべてクッキング

MY STONE OVEN

手づくり石窯BOOK

中川重年 編

創森社

窯をつくってクッキング～序に代えて～

窯を使った料理（つまりオーブン料理）は元来、粉食文化の国々で発達したものである。米食文化である日本の食文化（煮る、焼く、蒸す）では、例外的に石焼き・壺焼きの焼きイモや塩釜（魚などを塩で包み、蒸し焼きにする方法）などはあるものの、あまり一般的ではない。ところが最近、我が国でも窯の魅力にひかれて、手づくりの窯をもつ人々が増えてきている。手近にある石や土、レンガなどを使って自分好みの窯をつくる作業そのものに楽しみがある。そして、自分でつくった窯から生まれる料理の数々……。楽しみは無限である。

燃料には薪や炭を使う。電気オーブンやガスオーブンに比べて、その日その日の窯のコンディションが変化し焼き具合も左右されるが、これを長所とするか短所とするかはその人しだい。その日その日で違うからこそ、火と対話する楽しさもある。日本人が日常生活で薪を燃やして調理や暖房に活用することをしなくなって久しいが、古来人間が親しんできたエネルギー源である薪や炭を見直し、いま風にいえば「木質バイオマス」を暮らしに取り入れていきたい。

＊

イタリアから発信されたスローフードはファストフードに反対するのではなく、ファストフードを支える考え方、つまり、いつでもどこででも同じ味や質

を提供するという考え方に反対するもの。最近、日本で使われる地産地消という言葉に通じるところがあり、その土地の多様な食べ物を評価し、旬に食べることを打ち出した考え方といえよう。

さて、イタリアンといえばリーズナブルでカジュアル。代表的なアイテムはピザ。窯で焼いた本格ピザの普及は日本各地に石窯設置の気運をつくり、スロークッキング、スローフード、スローライフの考え方の定着に一定の力を貸したといえるのではないだろうか。

＊

窯づくりは決して難しくない。プロ志向なら熱効率などを含めた採算性やデザインも問題になるし、室内に窯をつくるのならば排気の処理など高度なテクニックも必要となるだろう。しかしこの本はあくまで、屋外で一般の方々が休日に、家族や友人と「窯と薪のある暮らし」を楽しむためのもの。できるだけシンプルな窯や料理を考えることにしたい。

手づくりの窯なのだから、多少隙間があっても形がいびつでも、全然かまわない。また庭先や野外で気軽に楽しむ料理なのだから、レシピどおりにつくる必要もない。とりあえず自分なりにつくって楽しんでほしい。そこから、オリジナルのノウハウが生まれてくるのだから。

中川重年

第3章 火を自在に操り窯クッキング 65

序　章

窯のある暮らしの魅力と効用

家庭菜園の一角に設置した手づくり窯

石窯という装置の豊かさ

●石窯の魅力をとことん堪能

なんでも便利になった現代社会において、わざわざ不便ともいえる手間暇かける食物づくりは、ある意味での精神的なオアシスともいえる。模型づくり、ログハウスづくり、といったホビーの世界と同質である。

少し違うことは食べ物をつくるということ、それもかなりの量をつくるということ。１人でそのすべてを食べるわけでないので、ついつい周りの人にお裾分け。喜ばれるか、うんざりされるかは別として、そこには大きな輪が広がってゆく。

もちろん据えつけた窯の周りに仲間が集まれば、喜ばれること請け合いであろう。また楽しい時間がもたれることだろう。

本書の中には具体的な料理について簡単なレシピやヒントがのせられている。だが大事なことは、石窯というこの装置を中心に、自然や料理、エネルギー、果ては文化、人生論等々、日常の話題とはちょっと離れた話題が飛び交うための一種のツールとなることではないだろうか。

●石窯を楽しむ人の輪の広がり

石窯をつくるということは、料理を石にためた輻射熱で料理をすること。直火とは違ったおいしさがあり木炭で輻射熱を利用しての料理とはまた違った調理法である。

日本では、こうした窯料理の方法はあまり発達しなかった。それだけに、やや非日常的な何かうきうきする雰囲気をもっている。実際こんがりときつね色に焼き上がった料理を見ると、特別の豊かさを感じる。

窯の周りでこうした豊かさを感じながら食事を共にするとき、仲間の一体感が高まるのは間違いのないこと。全国でこうした手間かける料理を楽しむグループは少なくはない。

（中川重年）

あらかじめ薪を焚いて温めておく

窯から出したばかりの熱々の厚揚げ

おき火の脇に食材を置く

タマネギなどを加えたジャーマンポテト

ローストしたアカウオ、ホッケ、サバ

手づくり窯はオンリー・ワン

●口先人間から手足人間へ

本書に紹介された事例は、すべて手づくり窯である。購入した既製品は、キットでも数十万円を超えるような価格になるものもある。そこら辺にある材料でつくれば、はるかに安価にできる。私たちの事例では、くず石をもらってきてつくるので材料費はタダ。あとはセメントくらい。さらにリッチな気分を演出するために、レンガやタイルを購入し、デコレーションとしている。またパンを焼くなら入り口にふた、これには鉄板がよい。バーベキュー用の鉄板では切断に骨が折れるが、安価でシーズンが終わるころには数百円で手に入る。あとは土か泥、砂利といったところ。普通は1万円以下でつくり上げることができる。

昨今こうした立派な構造物をつくるとすれば、かなりのコストがかかるのは常識かもしれない。自分でつくれば手直しはへっちゃら、気分を変えて丸形から角形へ、小人数用から大人数用に、ピザ窯をパン兼用に、自由自在である。それにかかる時間はわずか1日。自分のイメージを思いのままに表現するのに、こんなわずかな時間でできるのである。

十分な設計をしたうえで製作することも結構。むしろこうしたアバウトなものの場合、イメージ先行で工夫しながらつくり上げるのは、自らを口先人間から手足人間に進化させるのに、大いに役に立つのではないだろうか。

本書の中で繰り返し触れるように、石や土は重いものなので、つくるにも管理するにも工夫や制限がある。これを軽視すると安定性のないものになり、時には崩れて事故を起こし、大きなけがをすることにもなりかねない。本書の中に述べてあるポイントは、私たちのこうした経験のうえで獲得したノウハウ。どうぞ自由に使って、また新しい工夫があれば、他の人々に教えてあげてほしい。

自然石を集めて窯の土台に生かす

使用済みの割れ欠け大谷石を入手する

●なるべく割れ欠け素材とつきあう

私たちも、こうした勉強会を繰り返し行ってきている。そしてそのたびに、新しいバージョンを次々と生み出してきた。みなさんもどうぞ、２つ３つと作品を増やしていってほしい。一度つくればかなりもつので、学校、幼稚園、キャンプ場、公民館など、喜ばれる場所がいろいろとあるからである。

石屋さんでもらえる古い石は、割れていたり欠けていたりで、一級品ではないが、工夫しだいですばらしい石窯に生まれ変わる。私たちも当初は欠けていない大きな石を探していたが、いまは逆。むしろ欠けた石のほうが使いやすく、表現が自由になる。

もっと自由なのは泥や土。水と一緒にこねて作品をつくるので、石とは別の表現ができる。

決まった形、決まった長さの既製品を使うしかない普段の生活の中で、ホビーの時間は自由でありたいもの。この機会に割れたり欠けたりした素材とつきあい、工夫する見方を学びたい。その経験が、食べ物、異文化、人間関係など、いろいろなところに生かされてくるのではないだろうか。

窯づくりと森づくりの関係

●伐った木を薪に生かす

料理に使う燃料は木。それも特別に加工した木炭ではなく、そのままの木、すなわち薪である。薪は森の産物で、伐りすぎれば裸になるのは当然。歴史の中に、こうした事例は事欠かない。また、ものすごいスピードで熱帯の森林が伐採されているのも事実である。

ところが現実の日本では、燃料用としての木材の消費はかつての1%に減少。木で家をつくることも少なくなってしまい、森林関連業界は40年にわたって不振に苦しんでいる。森を育てているのだから木を伐らないほうがいい……。一方では正しいこの選択も、一方では困ったことになってきている。

手入れをしない森林は、下草の生えない死の森となって、自然の生き物の共存が望めない事例も増えてきている。森の生物的バランスを回復させるためにも、一定の木を伐る必要性は、いま市民の間に確実に認知されてきている。

20年の歴史をもつ市民参加の森づくりが、その代表例である。伐った木をそのまま林内に放置するのもひとつの考え方であるが、もうひとつは林から外に出して社会的に役立たせること。燃料に木を使うことが大切である。これは、古くから先進国、途上国を問わず行ってきていることである。しかし日本では、まったくといってよいほど伐った木が使われなくなってきている。

●森の手入れになる石窯ライフ

木を伐ると自然破壊というのは、一面の考え方である。別の見方をすれば、木は太陽の熱エネルギーを巧みに利用した、無限のエネルギー固定機能をもっているのである。現実の第三世界では、大量の薪が日々の暮らしの中で使われている。

窯の燃料である薪取りが森の利用、手入れにつながっていく。腹ごなしを兼ねて、ぜひ森の中に一歩入って見ていただきたいと思う。

（～中川重年）

STONE OVEN GRAFFITI

手づくり窯礼讃

自家菜園の一角にお目見えの窯は、河西広実さん（神奈川県海老名市）や編者らの手づくりによる

菜園全景（右上は手づくりの見晴らし台）

料理の前に窯を温めておく

常に薪を確保

自家菜園の入り口のプレート

焚きつけに点火する

おき火ができたらピザを入れる

菜園の休憩小屋も手づくりで完成

手づくり窯ができるまで

大谷石と土を主な材料にした河西広実さんの窯は、常設用の本格派。つくり方のポイントを紹介する

④窯壁をつくり、窯床に土とセメントを混ぜた泥団子をのばすようにして敷く

⑤窯床に耐熱タイルを敷く

⑥屋根に大谷石を組み、泥団子を小石を詰めた隙間や表面に塗り、ドーム状を形成する

①整地して砂利を敷き、窯の位置を決める

②大谷石を組んで土台をつくる

⑦6〜7時間で完成（出役は5〜6人）。手前はバーベキュー用炉

③土台に大谷石を並べ、窯床をつくる

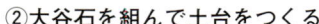

STONE OVEN GRAFFITI

遊び心満点の手づくり窯拝見

レンガ窯(二段構造、煙突つき)

森の探検隊(福井県今立町)

草灰窯

フォレスト21(神奈川県津久井町)

森の家(神奈川県厚木市)

大谷石窯

レンガ窯(二段構造、箱型)

窯焼きパン・クッキー処
(熊本県新和町)

共生庵
(広島県三和町)

レンガ＋モルタル窯(土台はゴロ石)

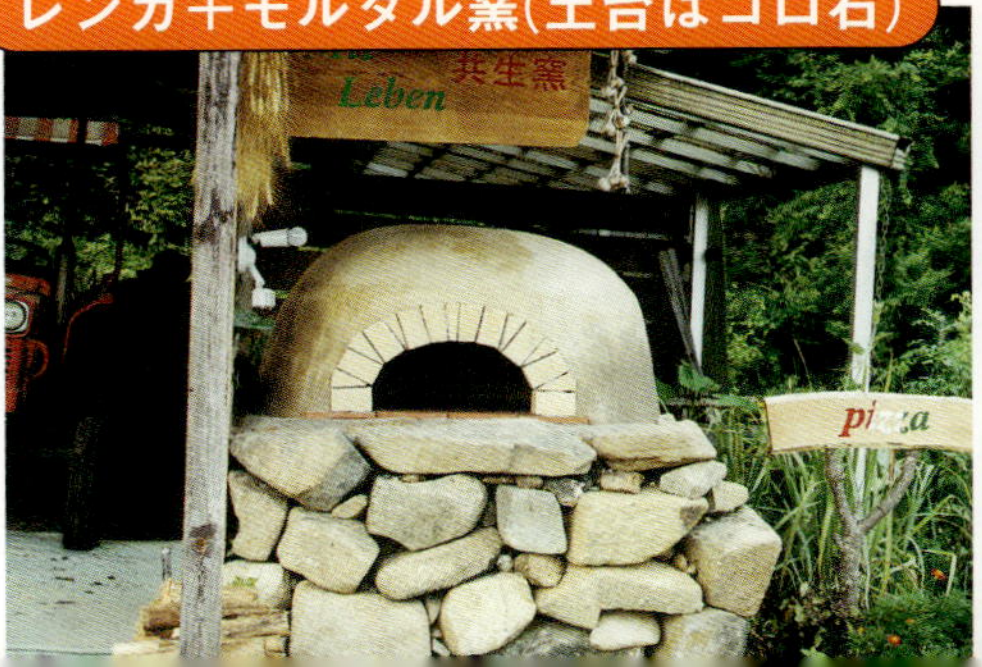

七沢森の家(神奈川県厚木市)

七沢森林公園(神奈川県厚木市)

共生庵(広島県三和町)

パペット＆カフェガーデン(山梨県大泉村)

神奈川県厚木市の施設

STONE OVEN GRAFFITI

ドラム缶窯(横置き型、二段構造)

こうべ森の小学校(兵庫県神戸市)

ドラム缶窯(縦置き型、二段構造)

こうべ森の小学校(兵庫県神戸市)

ドラム缶窯(縦置き型、二段構造)

モルタル仕上げ窯(箱型、二段構造)

叢園舎(秋田市) 石、レンガを粘土で固めて築窯

大谷石＋レンガ窯(箱型)

七沢森林公園(神奈川県厚木市)

きっこりーず(山口県防府市)

窯焼きピザ
お手のもの

ピザづくりの材料を用意

トッピング材料いろいろ

①生地を小分けし、よくこねる

②ねかせて発酵させる

③両手で生地をのばす

④薄く均一にのばすのがポイント

⑤ピザソースを塗り、好みの材料をのせる

STONE OVEN GRAFFITI

⑧3〜5分で焼き上げる

⑥室内を300〜500℃に温めておく

⑨本格派の窯焼きピザのお目見え

⑦ピールでピザを窯内へ入れる

至福の窯焼きパン

エゴマ入りのパン

ゴマふりかけのフルーツパン

STONE OVEN GRAFFITI

窯料理の醍醐味

ミートローフ

ガーリックオイル味の蒸しレタス

オーブン焼き肉（肩ロース）

牛肉とブロッコリーの蒸し焼き

窯出し焼きそば

ポテト入り卵焼き

くだもののワイン煮

ローストポーク

第１章

窯の仕組み・形状と主な本体材料

耐火レンガ主体の手づくり窯

窯の仕組みと主な形状

●窯の仕組みは単純明快

窯の構造は実に単純。部屋があって、その入り口が1つあるだけだ。この部屋の中で薪を燃やして内部を十分に温め、その蓄えられた熱で調理するのが窯である。煙突などをつけて排気できるようにしたり、鉄板などの扉をつけたりしたものもある。もちろん使い勝手はよいとは思うが、もし最初に野外に窯をつくるのであれば、必ずしも必要ではない。

窯づくりとは、薪を燃やし熱を蓄える部屋をつくることなのである。

大きさも自由自在。ただし、あまり大きすぎると、つくるのが大変だし、燃料も大量に必要になる。また、あまり小さすぎると、料理がしにくくなる。3〜4人から十数人で窯料理を楽しもうとするのならば、窯内の大きさは60×60㎝から100×100㎝、たたみ半畳〜1畳くらいの大きさで考えるのが、適当ではないだろうか。

●窯の形はつくり手しだい

窯の形は窯床ひとつとっても楕円形、円形、正方形、長方形といろいろあるが、これまでの経験では、内部の温度差にそう違いはない。実際にはどのような窯の形状（かまぼこ形、ドーム型、箱型など）になったとしても、窯本来の機能としてはアマチュアならば許容範囲内であるということである。

焼きはじめてみてあまりにも内部の温度が違っているようならば、燃やす薪の位置を窯の中で動かしたりすればよい。業務用はコストのことがあったり、見た目も商売に関係したりするから、形状やデザインは重要であろう。しかし、初心者の窯はつくりやすさに重点をおいて考えたほうがよい。

大きな長い石があればそれをそのまま使う。必然的に箱型になる。小さな石があれば丸い形になる。上部の屋根部を納めるには長い石のほうが断然便利、小さな石で丸く屋根をつくるのは案外難しい。2〜3段積んで乾燥させてまた積むと時間はかか

基本となる石窯の構造（断面図）

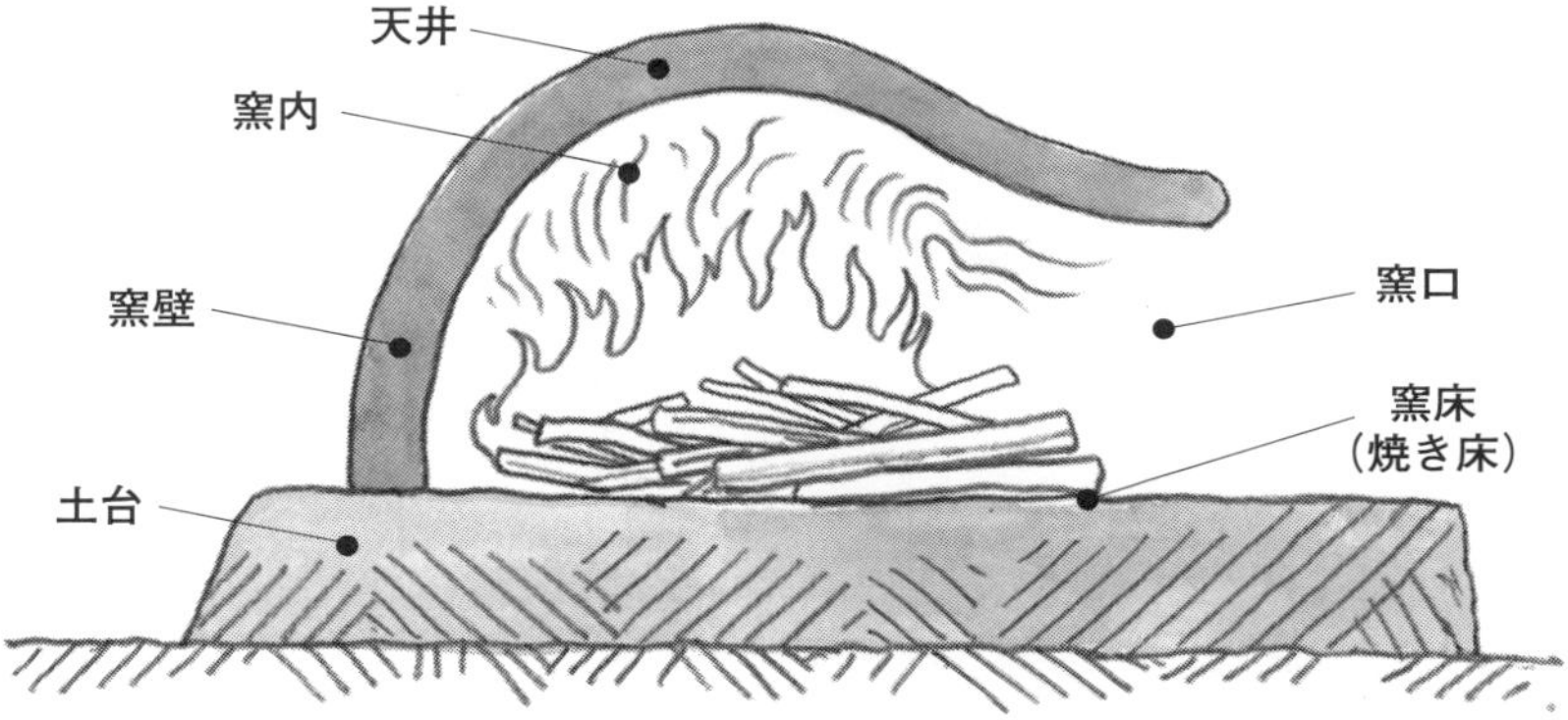

薪を燃やし、内部を十分に温め、おき火や灰を脇に寄せて四方八方からの熱で調理する

窯床の主な形状例（平面図）

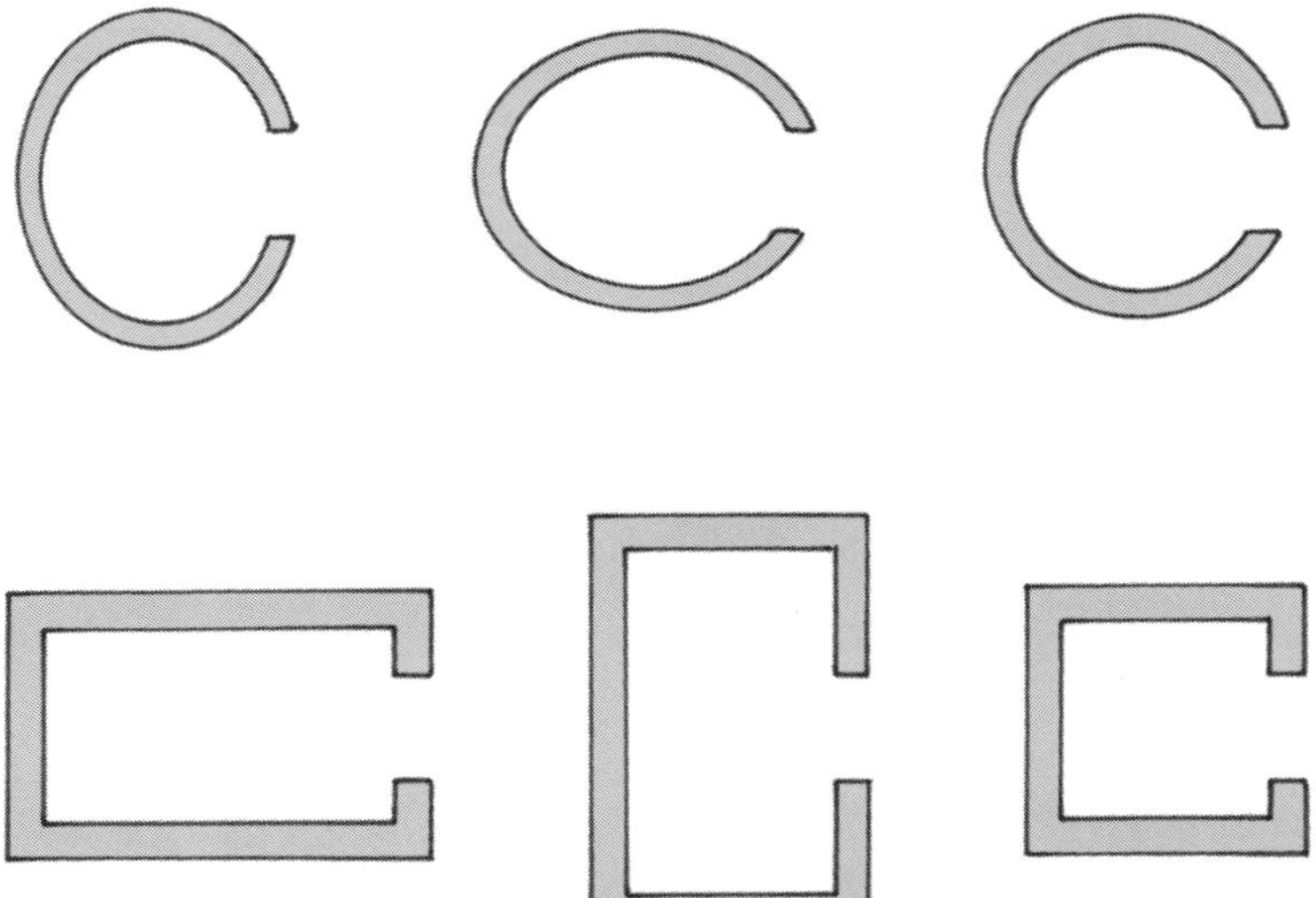

注）いずれも窯口は右側の位置

る。いずれを選ぶかはその人の美意識と時間、さらにコストの問題になってくる。

●窯と窯口の大きさの目安

窯の高さはあまり高くないほうが熱は上がりやすい。これまでの経験では30㎝で十分。50㎝もあれば立派ではあるが熱が上部に集中し、窯が温まるのに時間がかかる。ほとんど無駄な空間と思っている。30㎝あれば大きなパンを焼くのにも丸チキンや肉のかたまりのローストをつくるのにも十分使える。

初心者が窯をつくる場合、天井をドーム型にし、わざわざ炎が回るようにつくるということはほとんど必要ない。実際に薪を中で燃やしてみれば天井をなめるように炎が上がり、十分な熱を内部や特に天井に与えているから。また、窯口から炎を出すというこことにこだわる必要性もないと思う。したがって手づくりの窯の燃えが悪い(多くは窯口が小さい)場合には、奥に穴をあけて通気性をよくすればよい。

ところで、窯口の大きさが、窯づくりのひとつのポイントとなる。

窯口が大きければ燃料である薪が燃えやすく、調理に必要な熱を早く蓄えることができる。丸ごとのチキンなど、大きな材料を料理したいなら、それが入るように窯口も大きくしなければならない。しかし窯口が大きいと冷めるのが早く熱効率も悪いので、薪がたくさん必要になる。逆に、必要以上に窯口を小さくすると燃料がよく燃えず、盛大に煙を出すことになってしまう。

どんな料理をしたいか、何を焼きたいかを考えて適切な窯口の大きさを決める必要があるが、アマチュアは、いくぶん大きめにしたほうが無難だろう。

ちなみに箱型の窯の標準的な大きさを間口約80㎝、高さ30㎝とした場合、窯口のサイズは左右幅40~50㎝、高さ30㎝程度と考えてよい。この幅は、天板(パンを焼くときに使う鉄板)やパーレ(ピザを窯から出し入れするときに使うへら)を出し入れするのに好都合である。窯口の形は窯の形状にも左右されるだろうが、思い思いのイメージで形づくっていきたい。

●窯口の扉の役割と必要性

窯口に取りつける扉は、窯内の密閉性を高めて熱

窯口の形状いろいろ（正面）

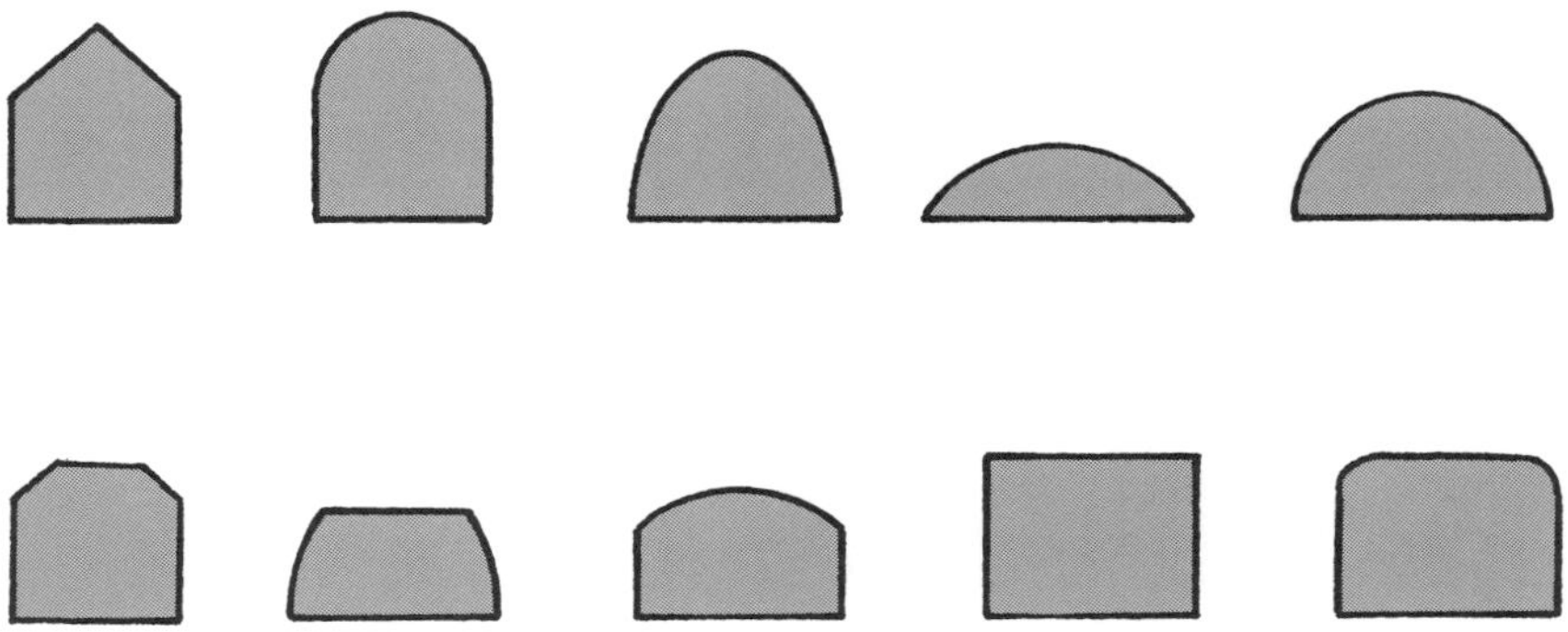

注）窯口の左右幅は天板やパーレを出し入れするのに好都合な大きさ（40～50cm以上）にしたい

ロスを防いだり、湿り気のある熱を確保したりするはたらきがある。

屋内に設置するパン焼き窯には扉は必要不可欠だが、野外に常設する窯には必ずしも扉は必要ではない。普通の手づくり窯で扉を取りつけていなくても、工夫しだいでどのような調理も可能になる。

しかし、どうしても扉をつけたい場合には窯口に溝をつくり、上部から鉄板を差し込めるようにしたい。取りはずしが自由で使い勝手がよいからである。もちろん、観音開きや片開きの扉を固定して取りつけてもよいが、鉄板が雨などでさびないようにするため、取りつけ場所に要注意。見栄えにこだわらなければ、ブリキや段ボール紙でもＯＫ。十分扉の役割を果たす。

●タイプ別窯づくりの所要時間

手づくり窯は先に述べた形状や用途、材料・材質（特に窯壁）や構造、築窯の難易度・所要時間・コスト、さらに設置パターン（常設用、もしくは移動・撤去用）などによって分類することができる。タイプ別にみる手づくり窯のポイントを表にしたの

タイプ別 手づくり窯の特徴

種類	主な材料と特徴	所要時間
石と土の窯	石、土。アウトドア用。試みに窯をつくる場合	2〜3時間
大谷石の窯	大谷石。常設用。セメントで固定しないので、あとでつくり直しも可能	3時間〜半日
大谷石と土の窯	大谷石、土、セメント。常設用	半日〜1日
土の窯	土、石。セメントを混ぜれば常設も可。特別な材料が不要で、重い石を運ばないですむ	2時間〜半日
ドラム缶の窯	ドラム缶、土。常設も移動も可。ドラム缶さえ手に入れば、作業は比較的簡単	30分〜１時間30分
草灰窯（うずめ窯）	鉄板。アウトドア用。ピザなど平たいものを手軽に焼くのに便利	30分〜1時間30分
耐火レンガと鉄板の窯	耐火レンガ、鉄板。移動・撤去が可。作業が簡単でつくり直しができる	1〜2時間
キャンプサイトの炉利用の窯	鉄板。キャンプ料理（バーベキューなど）のバリエーションを広げたいときに	30分

注）所要時間は、3人で比較的こだわりなくスピーディにつくるものとして割り出している

で参照されたい。

ところで石はそんなに容易に加工できるわけではないので、形が制約される面はある。例えば大谷石の一本物。それでも半分や4分の1くらいに割れてしまっている石を使って並ばせれば、形が自由に工夫できる。

自分のイメージを自由につくることができるのは材料の形が小さいほうが有利である。土をこねてつくれば形は最も自由。石や土で窯をつくることは、自分のもっている既成概念を壊すことかもしれない。そういった点で蘊蓄《うんちく》をあまり考えないでやってみるということは、大事なことであろう。

そうすると本書に述べられている多くのノウハウが、まったく値打ちのないものということになる。矛盾かもしれない。実はそんなことはなく、一度本書に目を通してそれから作業設計を進めたほうが、自分の自信のない部分を補強してずっとよいものがつくれると思う。大事なことは自分のイメージを実現化させること。そのときに本書を補強用のテキストとして使うこと。

手づくり簡単窯いろいろ

キャンプ場の炉が窯に変身

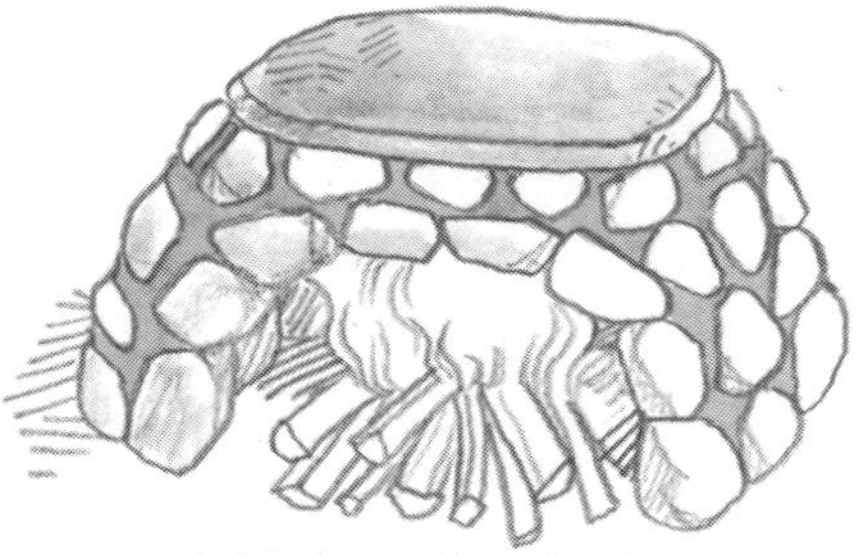

現地調達の石と土を使う

耐火レンガを積み、鉄板をのせる

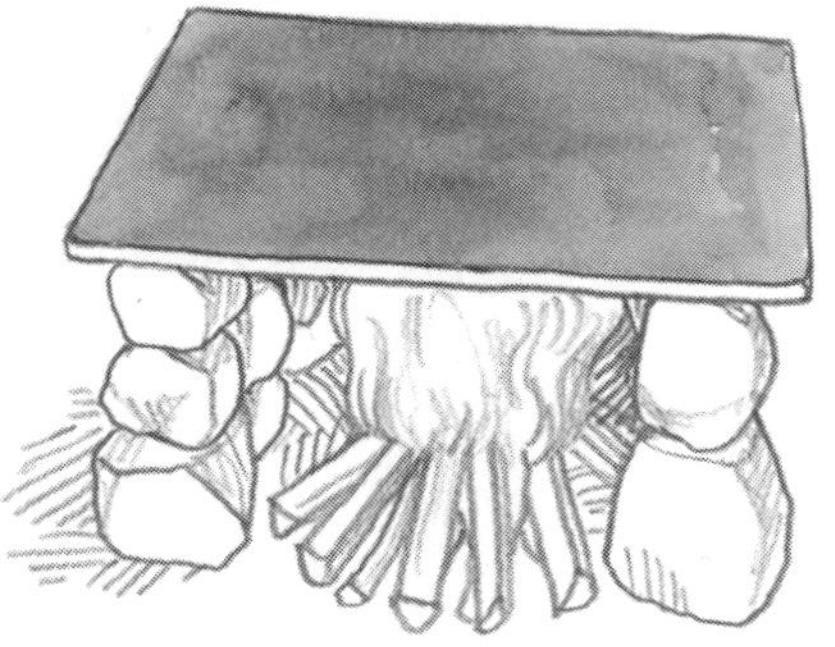

鉄板1枚をかまどに活用

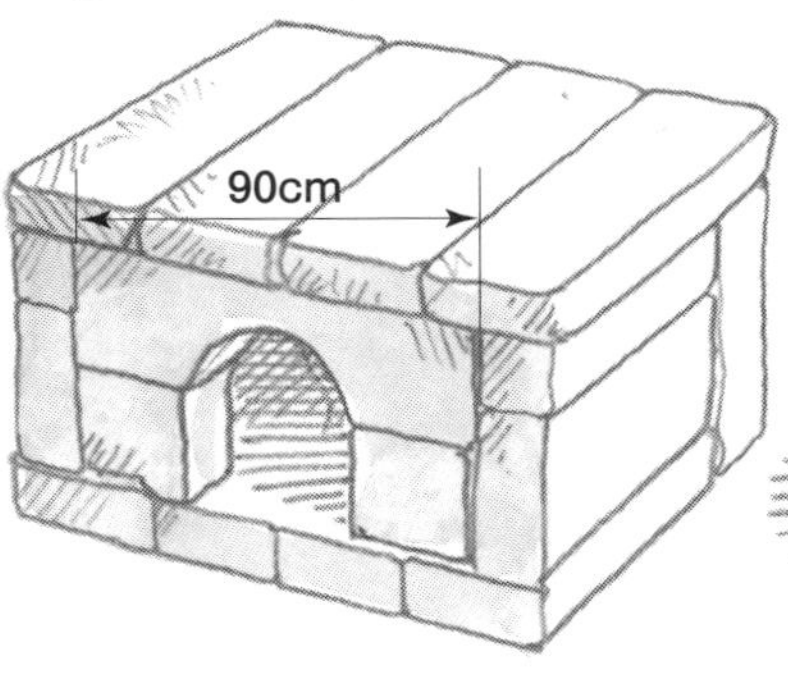

大谷石の窯は常設用におすすめ

多人数なら鉄板4枚を組み、土を盛る

判断は自分がする。こうした自由さがあるのが身近な材料を使った手づくり窯の真骨頂だ。そういう意味では手づくりキットを特におすすめはしない。そこらに転がっている石を探し、近所の石屋さんと仲良くなるほうがずっとおもしろいから。もっともそこまで自分の人生を本書で強制されたくない方、あるいはキットに安心感をもつ方は手づくりキットもおすすめしたい。価格は別とすれば短時間で無駄がなく、一定の品質が保証され、なによりプロ窯でもあるという点で満足度はとても高いから。

●窯づくりのTPOと後片づけ

どんな場所でも、窯料理は楽しめる。

アウトドアやキャンプ場でその場限りの窯料理を楽しみたいのならば、うずめ窯や、現地調達の石と土でつくる窯など、簡単につくれて、撤去できる窯を試してみるといいだろう。

使い勝手やデザインは二の次でも、できる料理は本格的。ありきたりのキャンプ料理に飽きたときにはおすすめだ。手始めに、キャンプサイトのかまどを利用した即席窯をつくってみてもいい。

自宅の庭などで、いつでも窯料理を楽しみたいのならば、本格的な石窯や土窯をつくって常設してしまおう。使い勝手やデザインに工夫をこらしながら、時間をかけてじっくりつくった窯で料理をすれば、その味が格別であること、請け合いだ。

「いつでもどこでも、同じように窯料理を楽しみたい!」という向きには、移動可能な窯はいかがだろう。耐火レンガやドラム缶を利用すれば、軽くて持ち運びに便利な窯が簡単にできる。もちろん、窯としての能力も十分だ。

ただし、移動・撤去用の窯は、後片づけに特に注意してもらいたい。窯壁や窯床にセメントを使用していない場合、土は赤く変色したブロックと化しているので、叩いて踏みならしておく。使用した石が割れたりしたときは、割れ口を地面に向ける。また、消火のときに窯床に一挙に水をかけると沸騰し、事故のもととなる。打ち水のように徐々にかけて火を消すようにしたい。

(中川重年〜)

窯本体の主な材料と特徴

●なるべく身近な素材を用いる

窯本体をつくるには、熱を蓄える壁となる素材が必要だ。当たり前だが、火を入れたときに燃えてしまったり、溶けてしまったりするものでは、窯はつくれない。石や土、レンガ、鉄板などが手に入れやすく、つくりやすい。

もっともレンガや大谷石など購入材料一辺倒で窯をつくるのでは、何か味わいがなく物足りないような気がする。なるべく足もとに埋もれている素材、身近なところにある素材、使い古しの素材や廃材などに着目し、有効に生かしてオンリー・ワンの窯を築いていきたい。

ここでは、基本となる窯壁など窯本体を形づくるときに必要な身近な素材について、まず簡単に説明しておこう。

自然石

石は、熱くなるのに時間がかかるが、熱をしっかり蓄えて長時間輻射熱を出し続ける。だから石窯は、料理の焼き上がりも最高だ。ピザの本場イタリアでは、日常的な燃料として薪を使わなくなっている現在でも「ピザは石窯で焼くもの」とされ、石窯で当たり前に薪を使ってピザを焼き続ける店が多い。それだけ、石窯と薪の組み合わせでつくったピザの味は格別、ということだ。

材料の石は、その場限りの簡単な石窯ならば、山や河原、海岸などで拾った石で十分。ただし自然の石の中には、例えば花崗岩のように熱を加えると爆《は》ぜたり割れたりするものもあり、注意が必要だ。

常設の石窯をつくるならば、蓄熱性と耐火性、耐久性を兼ね備えた大谷石がおすすめ。後述するが、大谷石は一般的には購入しなければ入手することができない。

基本的には、大ぶりの石を積み上げ、中小の石で隙間を埋めるだけでＯＫ。さらに完壁にしたいならば、石と石の間の隙間を土やセメントでふさいで密閉すればいい。どのような大きさ、形状の石を用意するかは、つくり手の窯のイメージ、センスしだいということになる。

粘土

特別な材料がなくても、身近にある材料と道具だけで比較的手軽につくれるのが土の窯。土も案外、蓄熱性が高い。また、窯の形をかなり自由につくることもできて楽しい。

できれば、締まった粘土がいい。色の目安としては、黒ではなく、黄色っぽいものがベスト。有機物が多く含まれている黒い土は、熱をかけるともろい。

土を使うときは、水を混ぜて粘土状にしてから加工する。やわらかく、作業の途中でたれてくるので、きれいな形に仕上げるにはかためにすることと補強材（板など）が必要。

土は水には弱いので、屋外に常設する場合には屋根をつけるか、セメントを混ぜるかして固めたい。

●入手・購入する材料いろいろ

初めての窯づくりにトライしたり、移動・撤去用の窯づくりにチャレンジしたりする場合は身近な素材を生かしたいのだが、デザインや常設を考えた場合は一定の購入材料を用意したい。

もっとも材料のすべてを購入したものでまかなうのではなく、なるべく自然石や粘土などを組み合わせて独自色を打ち出していきたい。ここで取り上げる購入材料（主に窯本体）は耐火レンガ、大谷石、セメント、モルタル、鉄板など。ここではそれぞれの材料の種類、特徴、入手先などを要約的に述べておこう。

身近なところにある土も貴重な素材

並型レンガの寸法

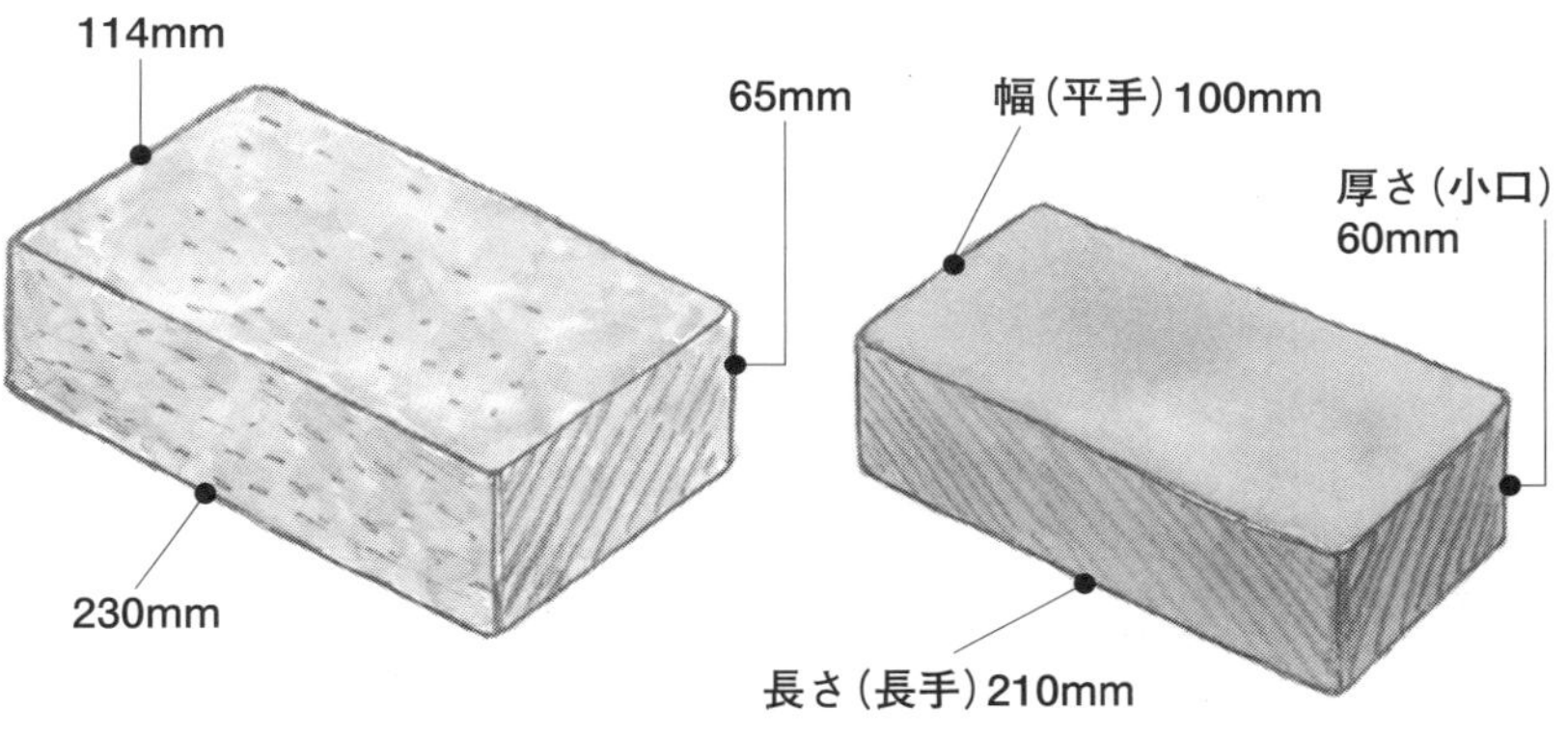

注）JIS（日本工業製品）規格に基づく

普通レンガと耐火レンガ

一般にレンガといえば赤レンガのイメージが強いが、レンガは普通レンガ（赤レンガ）、耐火レンガ、断熱レンガ、耐火断熱レンガなどに大別される。

普通レンガにも焼いたものと原料を固めただけのものがあり、後者は耐火性を期待できないので石窯やバーベキュー炉をつくるのには不向き。コストのかねあいで普通レンガを求めざるをえなかったり、耐火レンガと組み合わせて使用したりする場合、焼き物としての赤レンガを求めるようにしたい。JIS規格に基づく普通レンガの並型の寸法は、長さ（長手）２１０×幅（平手）１００×厚さ（小口）60㎜。値段は1個当たり60円前後から。

耐火レンガは原料（珪石、粘土質、炭素、クロム、マグネシアなど）によって細かく分類されるが、いちばんポピュラーで使用範囲が広いのが粘土質（シャモット）レンガ。もっとも粘土質レンガにしても番手（耐火度）により、種類が細分化されている。

中京築炉工業㈱や日本電産シンポ㈱などによれば、番手は1番から42番までありＳＫＩ、ＳＫ42な

規格異型のサンプル例

注）JIS（日本工業製品）規格に基づく

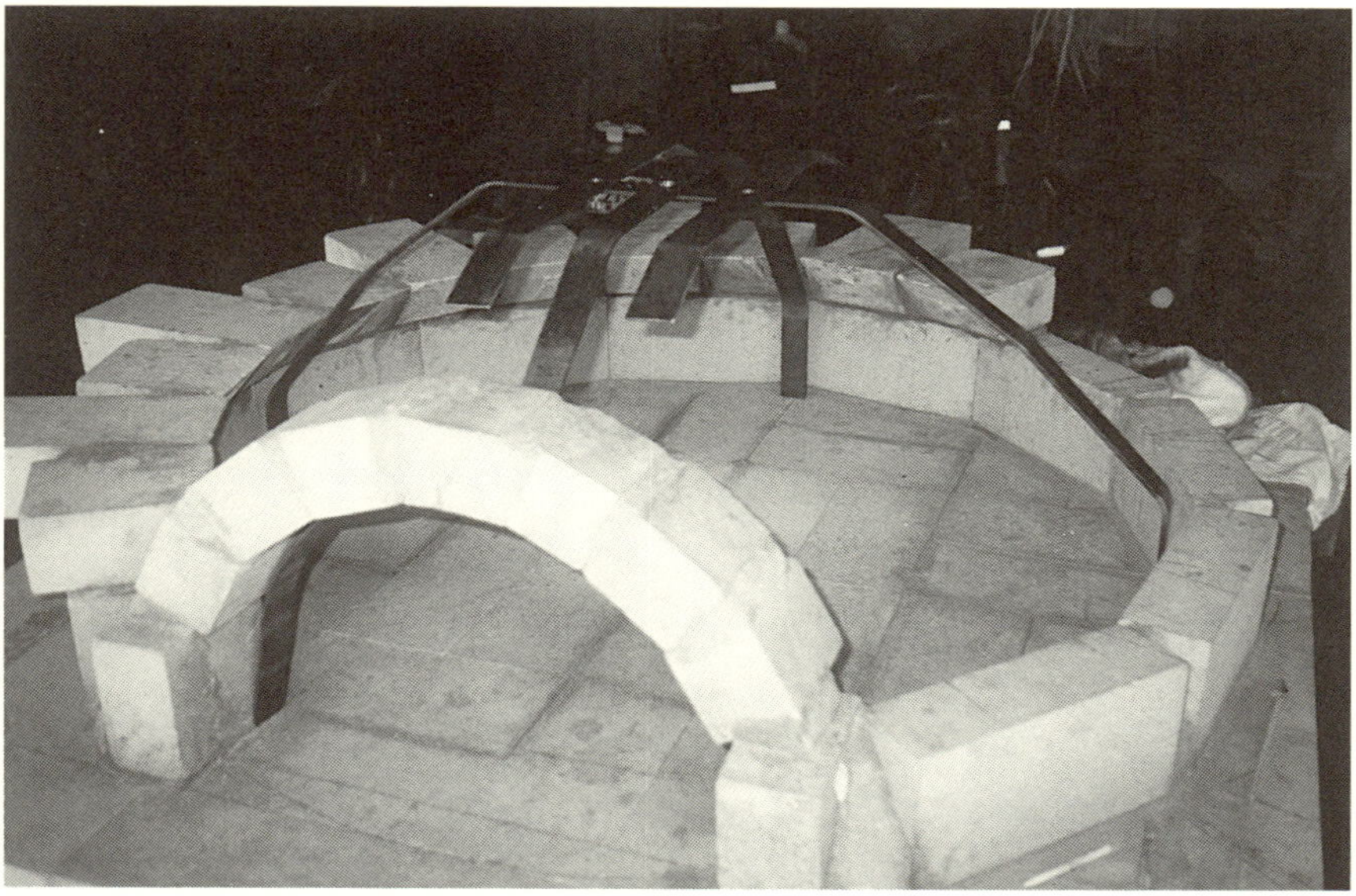

耐火レンガで窯口や窯床、周壁を築き上げていく

どと表示されているが、ホームセンターなどで耐火レンガを求めるときは用途を述べて番手の相談をしてほしいとのこと。一部のデータではＳＫ32で１３００℃、ＳＫ34で１４５０℃まで適応できるそうだが、石窯で料理をする場合、温度が１０００℃を超えることは少ないので、ＳＫ28からＳＫ34（値段が急に高くなる手前）あたりが妥当であろう。

ＪＩＳ規格に基づく耐火レンガの並型の寸法は、長さ２３０×幅１１４×厚さ65㎜。値段はＳＫ32で１個当たり約１８０円（税別、運賃別）から。並型の長方体以外にもＪＩＳ規格で寸法が定められている規格異型の一部を列挙しておこう。

半マス　並型の半分の大きさ
ヨーカン　並型の縦半分の大きさ
七五　並型の４分の３の大きさ
１丁半　並型の１・５倍の長さ
２丁長　並型の２倍の長さ
セリ　くさび型
セリ受　くさび型のセリを受け止める

さて、耐火レンガの特徴は文字どおり火に耐えることだが、このほかにも種類によっては耐酸性、耐アルカリ性、耐摩耗性などの性質を備えている。手づくり窯の形状や用途、予算などによって、使用する耐火レンガの数を割り出すようにしてもらいたい。

なお、熱を遮断して保湿性にすぐれた断熱レンガ（耐火レンガに比べ、いくぶん耐圧強度に劣る）や耐火性、耐圧強度、断熱性などを併せもった耐火断熱レンガなどがあるが、耐火レンガに比べてコスト高になる。

装飾用などに使われる普通レンガ

窯口に耐火レンガを使用する

ともあれ、レンガは扱いやすさが抜群によい。ただ積むだけで窯になるし、モルタルなどで固定しなければ、窯として使った後に解体して持ち運ぶことも容易。入手先のホームセンター、DIYショップ、メーカーなどで調べてから納得のいく適切なレンガを求めるようにしたい。

大谷石

大谷石は、栃木県宇都宮市大谷町を中心にした地域で採掘される緑色凝灰石をさす。採掘したときは青みを帯び、水分が蒸発して乾燥するにつれ白っぽくなり、やがて薄い茶褐色を帯びるようになる。

耐火性、蓄熱性、耐久性、耐震性などにすぐれ、常設用の窯にぴったりの材料。耐震性にすぐれている逸話として、1919年の関東大震災のとき、大谷石を大量に使用した帝国ホテルが倒壊しなかったことが知られている。

大谷石の寸法は4寸、5寸、6寸、7寸、8寸、1尺、1尺以上とある。4寸ものは幅30×厚さ12×長さ90㎝。重さ約50㎏。1本当たりの値段は約80

蓄熱性にすぐれた大谷石

石用ハンマーで削る

電動グラインダーで形を整える

００円前後から。重さなどの点で４寸ものが使い勝手がよいということになる。

現地の石材店によっては風合いや質感などから規格商品（鹿の子、ライン、雨足、ダイヤ）を供給しているところもある。入手先は、大谷石を扱っている石材店やホームセンターなど。

なお、新品もよいのだが、使い古しだったり不揃いだったりする大谷石にも独特の風合いがあるので、身近なところで見つけたら有効に生かすための交渉をしてみるのもよいだろう。

セメント

セメントの原料は石灰石、粘土（珪石を含む）、鉄くず（鉄鉱石を製鉄するときに出る残りカス）。水を加えると化学反応が起こり、接着剤のように固まる性質をもっている。

一般的にセメントに砂と水を加え、練ったミックス状態のものをモルタル、さらに砂利や小石を加えたものをコンクリートと定義しているが、築炉業界ではモルタルとは耐火レンガ専用の粘土状の物質（粉状と練り状がある）を示すという。耐火レンガの目地を固めるため、モルタルを使うときに留意したい点である。

さて、セメントでコンクリートの石窯をつくるとする。６００℃を超えた場合、化学的変化を起こし、崩壊するという。コンクリートに直火や高温は禁物。

石灰石がセメント原料の7〜8割を占める

砂や粘土にセメントを加え、モルタルとして石と石の隙間を埋めたり、窯の表面に塗りつけたりして上手に活用していきたい。

なお、熱に強い耐火セメントは水を加えて混ぜるだけで固まるが、コスト高なので複雑な部分の接合部など使う部分が限定されよう。

セメントに砂、水を加えてミックスする

鉄板

バーベキュー用の鉄板や規格品鉄板を求めて、即席窯などの材料として有効活用することができる。

参考までに、東急ハンズ（渋谷店）で扱っている鉄板の寸法、値段について紹介しよう。

バーベキュー用鉄板　A、幅315×長さ450×厚さ1㎜（高さ17㎜）@1600円、B、幅47×長さ47×厚さ1㎜（高さ3㎜）@1750円、C、幅25×長さ48×厚さ2㎜（高さ2・4㎜）@3400円。高さは縁や取っ手をさす。いずれもシリコン塗装。

規格品鉄板　A、幅100×長さ200×厚さ2㎜@220円、B、幅200×長さ300×厚さ2㎜@470円、C、幅300×長さ400×厚さ2㎜@950円、D、幅300×長さ400×厚さ3・2㎜@1700円。シリコン塗装やテフロン加工などのコーティングをしていない。

鉄板は厚いと熱を遮断するが、切断したりするときに時間がかかる。厚さにそれほどこだわる必要はない。極端な場合、トタン板でもOK。要は手づくり窯のどの部分に鉄板を生かすかを考えて、必要に応じた求め方をしてもらいたい。（～中川重年）

第2章

タイプ別 窯のつくり方の基本

完成間近のレンガ＋モルタル窯

鉄板1枚をかぶせる即席窯

（作業時間30分）

【材料】　鉄板1枚（厚さ3～4㎜、45×60㎝、もしくは45×45㎝くらいのもの。バーベキュー用のものでよいが、取っ手や縁のないシンプルなものだとベスト）、鉄板を支えるための石、土、水

【用意する道具】　スコップ、軍手、バケツ、土を突き固めたり、鉄板を差し込むための木の棒

【つくり方】　①1～1.5ｍ四方くらいの地面をざっとならし、かたく突き固めて、その上でどんどん焚き火をする。

②たっぷりのおき火ができたら、おき火の下に鉄板を差し込む。

③石を使って、鉄板と地面との間に隙間をつくる。この隙間が料理をするスペースになる。鉄板の一方だけを持ち上げて斜めにしても、鉄板全体を持ち上げるようにしてもよい。

④調理する材料を入れる窯口だけを残し、あとの隙間を土や泥でふさぐ。

この窯は、石や土でつくった窯に比べると断熱効果が弱い。そばで焚き火をしておいて、温度が下がってきたら鉄板の上におき火を足しながら、料理をする石などを利用すればいい。

●古代人の調理法をアレンジ

古代人は魚や木の実を蓮の葉でくるみ、焚き火をしてつくったおき火に埋めて蒸し焼きにした。現在でもバナナの葉を使った包み焼きは、南太平洋諸国で日常的に行われている。

おき火の下に材料を埋める形で調理する窯を「うずめ窯」という。また、草木を燃やした灰を利用するため「草灰窯」ともいわれる。

この方法を、簡単にアレンジしてみよう。

●おき火の下に鉄板を差し込むだけ

バーベキューなどに使う鉄板1枚さえあれば、超簡単な即席窯ができる。高さのある食パンなどは焼けないが、ピザなど厚みのないものを焼くのなら、これで十分役に立つ。鉄板以外の材料は、現場にある石などを利用すればいい。

鉄板1枚利用の即席窯

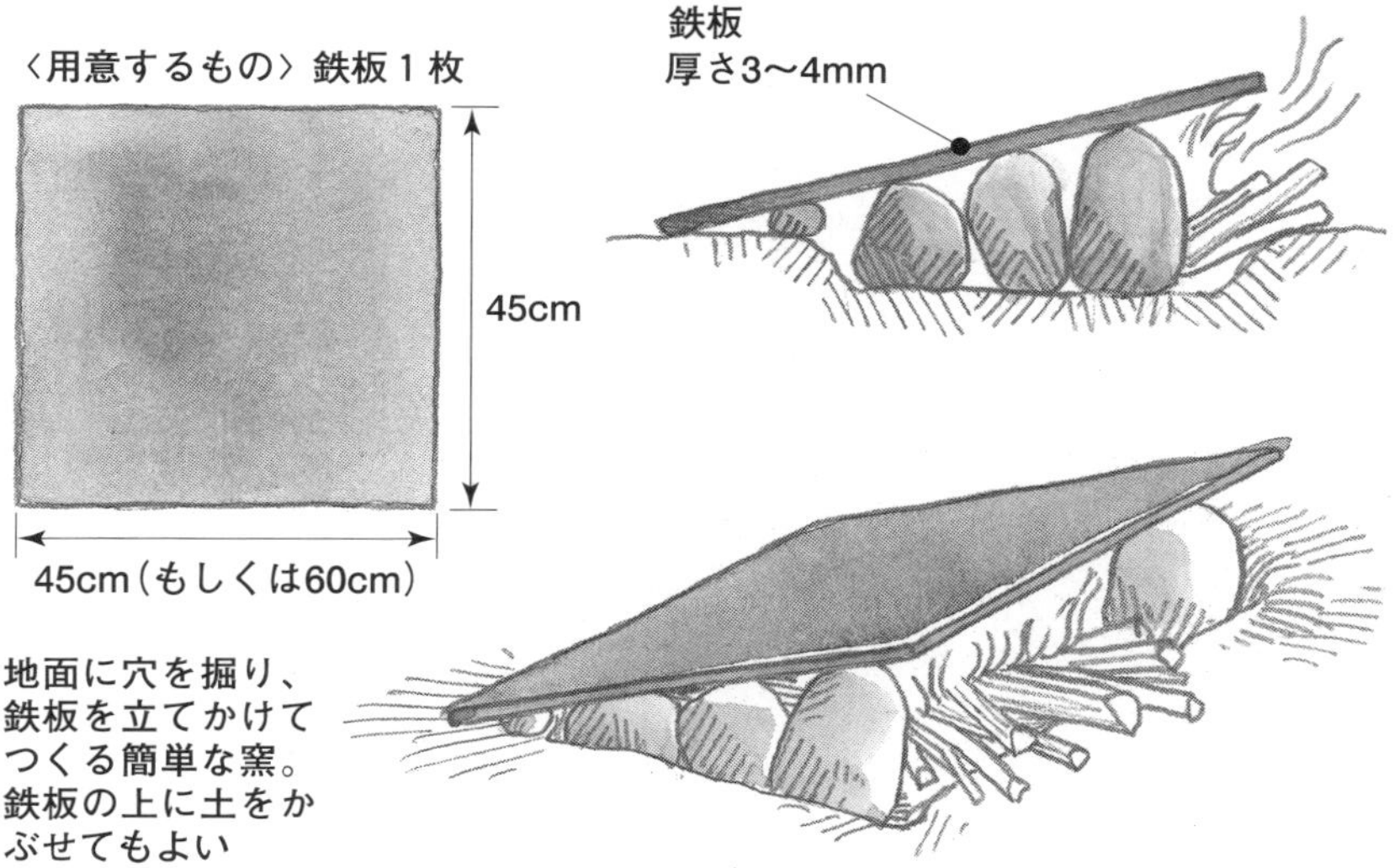

地面に穴を掘り、鉄板を立てかけてつくる簡単な窯。鉄板の上に土をかぶせてもよい

するといい。

●鉄板の下で火を焚いてもいい

うずめ窯と同じ形をあらかじめつくっておき、鉄板の下で火を焚いて熱を蓄え、おき火を左右に寄せて料理をする方法もある。この場合は、鉄板の上にも厚めに土をかぶせておけば、より断熱効果が高くなる。

加熱すると土から猛烈に水蒸気が上がるが、この段階では窯内の温度はあまり上がらない。しばらくすると土の水分が完全にとび、土に熱を蓄えるようになる。こうなれば焼きごろだ。薪を燃やしている最中はススが出るので、料理をするのは、おき火になるまで待とう。

温度が下がってしまったら、もう一度中で焚き火をして窯内の温度を上げてやればいい。

＊作業時間の目安は、3人で、あまりデザインを気にせずスピード重視でつくった場合で計算している。

（中川重年〜）

現地調達の石と土でつくる窯
（作業時間2～3時間）

●行ったその場で材料集め

アウトドアで窯料理を楽しみたいとき、特別な材料がなくても窯はつくることができる。その場で調達した石と土を使えばいいのだ。もちろん、使い終わったら、石や土を元の状態に戻しておくのはエチケット。

石をかまくら状に積み上げれば、それで窯になる。見つけた石をパズルのように組み合わせて、つくってみよう。もちろん大きめの石を集めたほうが作業は早い。適当な形の石を探すという作業が、また楽しいのだ。

●天井部分は鉄板を利用すれば簡単

かまくら状に積み上げてみると、どうしても天井の部分が崩れやすいので、平らで大きめの石か生の丸太（水分が多いのですぐに焼けない）、鉄板をのせてつくるといい。鉄板を使えば上で鉄板焼きも楽しめて一石二鳥だ。

天井部分を大鍋でふさいで、スープやシチューをつくってしまうという手もある。

ただし、かまくら状に積み上げて大鍋をのせたりする場合、つっかえ棒をあてがったりして天井部分を乾燥させながら築いていくので、1～2日の日数を要することになる。

［**材料**］石、土、水、平らな石または鉄板、常設したい場合にはセメントも

［**用意する道具**］スコップ、バケツ、常設にする場合は、セメントをこねるフネまたはベニヤ板

［**つくり方**］①横幅1.5m、奥行き1mくらいの地面を平らにならす。

②石を楕円形に並べる。横幅1.2m、奥行き1mが目安。入り口になる部分はあけておく。

③土と水を練って泥団子をつくり、石と石の隙間を埋めて石を安定させながら積み上げていく。上部をすぼめて、高さ40～50cmのかまくら状にする。

④はみ出した泥を平らにならす。

現地調達の石と土の簡単窯

〈上から見た図〉

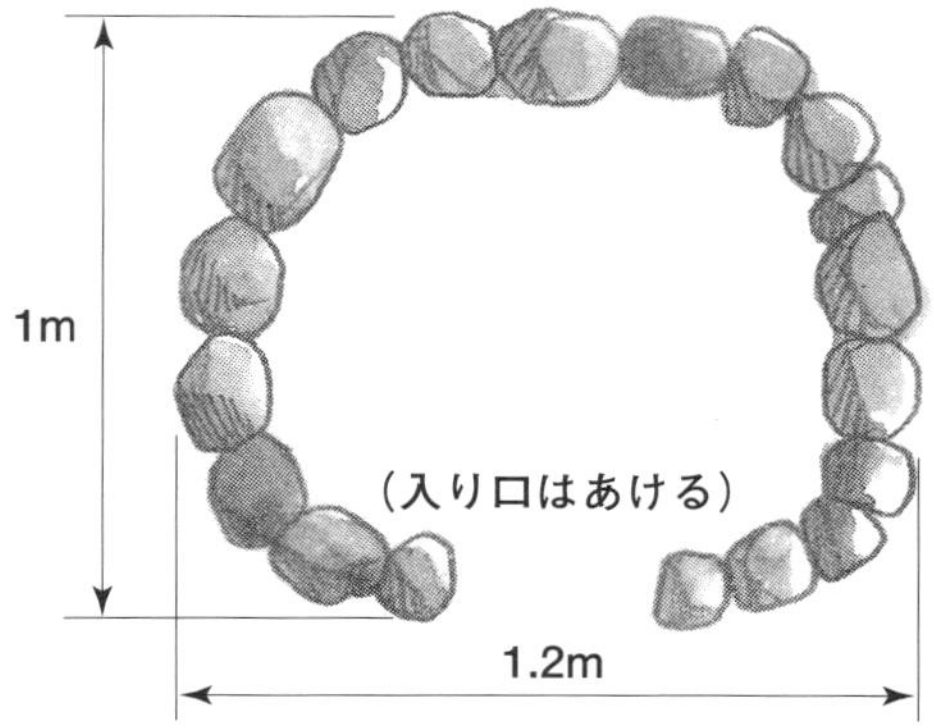

地面をならして、楕円形に石を積む

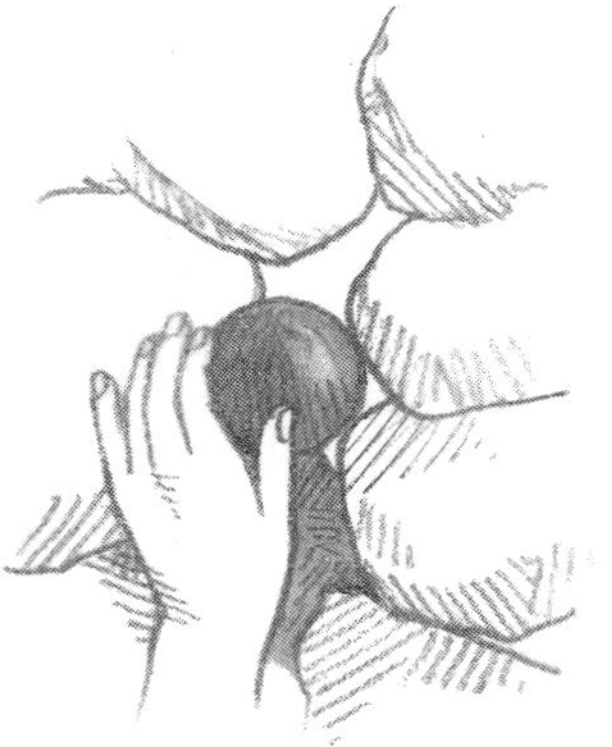

土と水を合わせて泥団子をつくり、石と石の隙間を埋めながら積み重ねていく

かまくら状に積み上げ、天井に平らで大きめの石などをのせてふたにしてもよい

⑤上にも泥をのせて平らにならし、ふたになる平らな石か鉄板をのせる。

庭などに常設したい場合には、雨に弱いので必ず屋根がけをすること。土にセメントを混ぜて固めれば長持ちする。

●二重構造にすれば高温窯に

円形に石を積んで鉄板でふたをし、その上にさらに石を積んでかまくらをつくれば、上下ダブルで料理ができる窯になる。また、下段で常に薪を燃やしながら、上段で料理するタイプの窯にもなる。

この二重（二段）構造の窯をつくるのならば、中段の鉄板を、完全にふたをしてしまうのでなく、一部隙間をあけておくといい。下で火を焚いたときの熱や炎が上部まで上がるようになり、ピザを焼くのに適した高温の窯になる。

●最初の火入れはのんびりと

つくりたての窯は、ずいぶんと水分を含んでいる。水分を含んでいるうちは、いくら窯の中で火を焚いても、窯内の温度は上がらない。だから、まずは窯を乾燥させせよう。

まずは、杉の枯れ葉や細めの枯れ枝を窯内の縁回りに置く。中央部は料理に使う部分だから、この段階からいつもきれいなまま確保することを習慣づけておこう。

そしてマッチやライターで火をつけ、様子を見ながら少しずつ薪を燃やしていく。しばらくすると、水蒸気が出はじめ、内部から乾燥が始まる。

とにかく、ゆっくりと火を入れるのがコツ。最初から盛大に火を焚くと、急激な変化に耐えられずに崩れてしまう。お喋りに花を咲かせたり、一杯やったりしていれば、そのうち火が消える。そうしたらまた火を入れる、といったのんびり型で乾かしていくといい。

火入れをしながら、窯への空気の入り方、燃料の燃え方などの癖を飲み込んでおけば、今後窯を使うときのためにもなる。

天井の利用と二段構造の窯

天井に鉄板をのせると窯内の密閉効果が高まる。また、鉄板焼きなどを楽しむことができる

このような窯をつくるのにはつっかえ棒などが必要で1～2日かかる。天井部分を大鍋でふさいでもよい

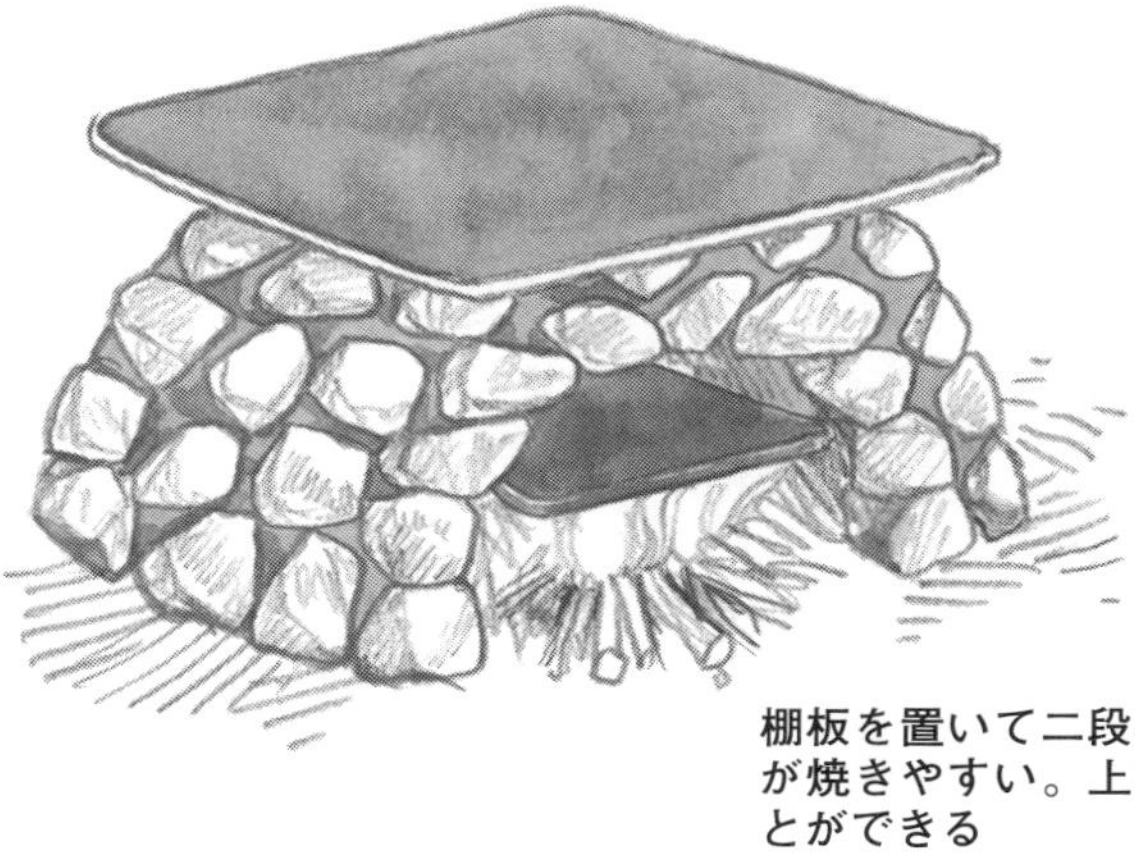

棚板を置いて二段構造にするとピザなどが焼きやすい。上下の鉄板で調理することができる

鉄板と耐火レンガのお手軽窯
（作業時間1～2時間）

●センスいらずで手間いらず

現地調達した石で窯をつくるのは、野趣たっぷりで楽しいのだが、材料集めに時間がかかるし、積み上げるには、それなりにセンスが必要かもしれない。「石を見つけるのが面倒くさい」「センスに自信がない」という向きには、さらに手軽な方法がある。耐火レンガを使うのだ。

手持ちの鉄板と組み合わせて、耐火レンガを積み上げるだけなので、つくるのも撤去するのも簡単。小さな子供でも、ブロック遊び感覚でできるし、手に入れた耐火レンガの数に応じて大きさも自在だ。また、車を利用して耐火レンガを持ち運ぶと、いつでもどこでも、同じ形の窯をつくることができる。

［材料］ 耐火レンガ、鉄板（バーベキュー用のものでよいが、取っ手や縁のないシンプルなものが一番）、あれば土、コンクリートブロック

［用意する道具］ 常設する場合はスコップ、セメントをこねるフネまたはベニヤ板

［つくり方］ ①鉄板の大きさより少し広いくらいの地面を平らにならす。耐火レンガの数に余裕があれば、地面に耐火レンガを敷き詰めるといい。

②鉄板がのるように、耐火レンガをコの字形に並

三段構造になっている箱型レンガ窯

耐火レンガと鉄板の簡単窯

鉄板をのせて完成

耐火レンガをコの字形に互い違いに組んで、積み上げる

べる。何段か積み上げる場合は、互い違いに組むようにする。

③鉄板をのせる。

土やコンクリートブロックで周囲を囲めば、より安定がよくなり、さらに鉄板の上にも土をかぶせれば、断熱性も上がる。鉄板の上で焚き火をしても効果が上がるだろう。鉄板をそのままにして、上で料理をしてもいい。

●ガーデンキッチンも夢じゃない

鉄板の上にさらに耐火レンガを積み、また鉄板をのせていけば、二重構造はもちろん、三重でも四重でも簡単につくれる。また、鉄板の代わりに鉄網をのせれば、それはバーベキュー用のかまどとなる。かまどと窯を組み合わせて、多彩な料理を楽しむのもいい。

耐火セメントか、やや弱いが普通のセメントでモルタルをつくり、目地を塗りながら積んでいけば、常設用の窯も簡単にできる。アウトドアでの窯料理に飽き足らなくなったら、自宅の庭にガーデンキッチンをつくってみてはいかがだろうか。

積むだけで本格派 大谷石の窯
（作業時間3時間～半日）

●簡単だけど存在感は抜群

常設用におすすめなのが、大谷石を使った石窯。「熱を蓄えてゆっくりと輻射熱で料理する」という窯料理の本分からしても、大谷石は素材として申し分ない。

積み上げるだけなので比較的作業は簡単だが、そのどっしりとした存在感は抜群だ。蓄熱性と耐久性にすぐれ、石窯独特の風情があり、しかも料理の焼き上がりが最高だ。

最近では、大谷石は石材店などでよく、廃材として邪魔者扱いされていることが多い。交渉しだいではタダでもらえることもあるので、チャレンジしてみるといい。大きさは不揃いになるだろうが、遊びとして窯をつくるのならば、それで十分。組み上げたときに、多少ゆがんでいても大丈夫。隙間から熱が逃げるので熱効率は少し悪いが、薪が少し多めに必要になるだけの話。窯の楽しみは十分堪能できる。

大谷石と似たような石で白河石という石や発泡コンクリートは耐熱性がなく、爆《は》ぜて飛ぶことがあるので、熱が加わるところに使ってはいけない。また花崗岩は、高熱に当てるとひび割れするので使えない。石を石材店で手に入れるとき、ちゃんと確認しておこう。

●大谷石は切ることも可能

大谷石は重い。石を組むときには、耐久性や安全性を考えて、互い違いに組むようにしよう。

大きさが合わないときは、余った部分を外側にはみ出させるように組めばいいのだが、どうしても格好よく仕上げたいならば、石を適当な大きさに切ることも可能だ。

切りたい部分に石切り用の刃をつけた電動グラインダーで途中まで切れ目を入れて別の石の上に置き、その上に別の石を落とせば、きれいに割ることができる。グラインダーがなくても、五寸釘とカナヅチで丹念に3㎝くらいの溝を四辺に掘れば、前記

石用ハンマーで大谷石を成形

石切り刃をつけた電動グラインダーを操作

ヒューマンスケールを置き、大谷石の表面が水平になっているかどうかを確かめる

大谷石の常設窯

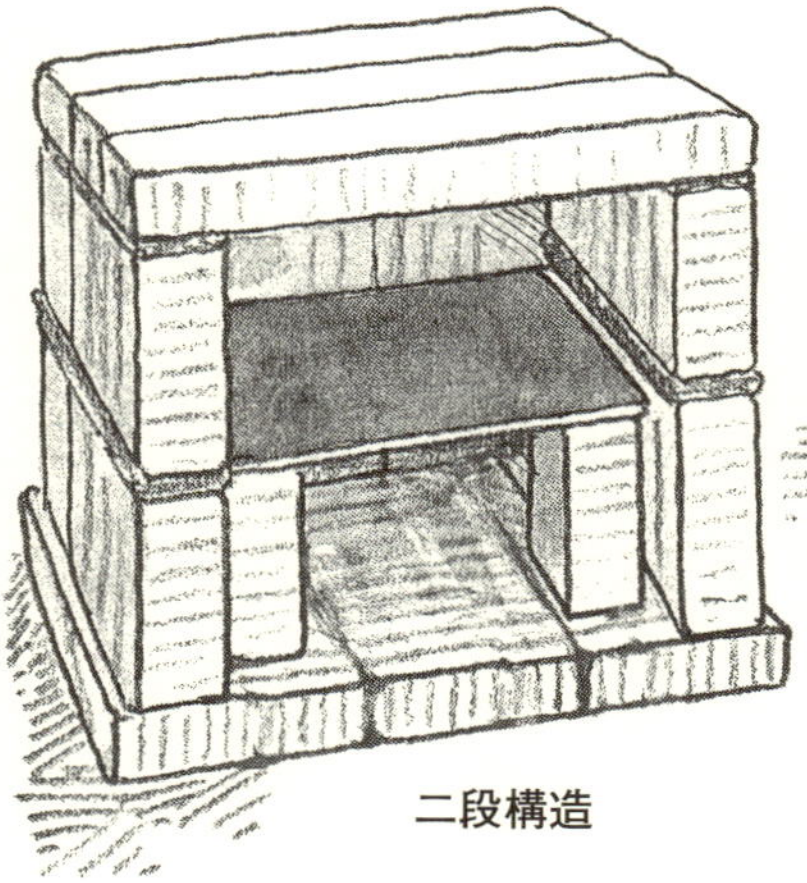

二段構造

土にセメントを混ぜていなければ、つくり直しもできる

の方法で割ることができる。なお、石を割るための安価なハンマー（先が平らにとがったもの）が市販されており、これがいちばんお得だ。

●重いので地盤はしっかりと

大谷石は重いので、設置場所は地盤のしっかりした場所を選んで突き固め、きちんと水平をとっておこう。水平をとるには、透明や半透明（つまり中の水が見える）ホース1本を置いて、水の位置を見たり水平器を使ったりすればいい。

［材料］ 大谷石（30×90×厚さ12〜15㎝）20〜40個

［用意する道具］ スコップ、電動グラインダー（石切り用の刃はダイヤモンドカッターであり、鉄鋼用のように替え刃は必要ない）

［つくり方］ ①幅1・5×奥行き1ｍの地面をならし、大谷石を5個並べて床をつくる。

②大谷石を三方に2段積んで壁をつくり、前面も入り口部分だけ開くようにして石を積む。

③屋根になる部分に大谷石を並べる。

④1〜3日後、石に含まれている水分をとばすため、ゆっくりと火入れをして完成。

作業も楽々の土台つき石窯
（作業時間半日〜1日）

●完璧な石窯を目指そう

大谷石を積むだけで、窯としての機能は申し分ないが、どうせなら常設するならば、機能・作業性ともに完璧な石窯をつくってみよう。

窯としての機能を向上するためには、石と石の隙間を泥やセメントで埋めていく。そうすると蓄熱性と耐久性が格段に上がる。

しゃがんで作業するよりは、立ったまま作業をするほうが楽。作業性を上げるために、土台を組んで窯の高さを上げてみよう。土台の部分は、薪などをしまっておくスペースにもなる。

［材料］ 大谷石（30×90×厚さ12〜15㎝）20〜40個、土、水、セメント（3kgくらい）、小石

［用意する道具］ スコップ、バケツ、セメントをこねるフネ（またはベニヤ板1枚）、セメントをならすテコ（なければ段ボールを適当に切って代用する）、石用ハンマーまたは電動グラインダー、石を削るためのノミつきのハンマー、ぼろ布

［つくり方］ ①幅1・5×奥行き1ｍの地面をしっかり突き固め、大谷石か砂利を敷き詰める。

②大谷石を2段積んで足をつくり、その上に大谷石を平らに並べる。これが窯の底面になる。このとき、互い違いに積み上げたほうが、安全性は高まる。

③底面の上に大谷石を組み、窯の壁の部分をつくる。四角い窯をつくるなら壁部分を底面に対し垂直に立つように、ドーム状にしたいなら上部がすぼまるよう調節しながら積んでいく。

④土とセメントを混ぜてこね、泥団子状にして隙間を埋める。

⑤セメントの多い箇所に小石を詰めて補強する。

⑥屋根になる部分に大谷石をのせる。

⑦セメントの表面をテコや段ボールの切れ端でならし、はみ出したセメントをぼろ布で拭く。

⑧1〜3日後、石に含まれている水分をとばすため、ゆっくりと火入れをして完成。

①窯の設置場所を決め、大谷石を置く

②大谷石を積み上げて土台を築く

③窯の周壁を楕円形に築く

④泥団子で大谷石の隙間を埋める

⑤屋根の部分にも大谷石をのせ、土を盛る

⑥火入れを待つばかりの土台つき大谷石窯

●窯口をアーチにしてドレスアップ

せっかく本格的な窯をつくるのだから、おしゃれに仕上げたい。レンガを使って窯口をアーチ型にすると、グッと雰囲気が出るので試してみよう。

窯口をアーチ型につくるコツは、レンガの割り方にある。1個のレンガを6つに割るのを目安にして、台形のパーツをつくるのだ。レンガに両側からグラインダーで切れ目を入れ、ハンマーでコンと叩くとだいたいきれいに割れる。

窯口のカーブのベースはベニヤ板2枚でつくる。

窯口をアーチ状にするため、ベニヤの型板の上にレンガをのせ、隙間をセメントで埋める

レンガが乗る程度の幅で、この2枚を間に入れた数個の木片で平行に固定する。ゆるいくさび型にした木切れなどをスペーサーとして置いて床面との隙間を少しあけておく。その上にベニヤ板（幅はレンガがのる程度）で好みのアーチをつくり、その上に台形に切ったレンガをのせてセメントで隙間を埋めていく。乾いた後で最後にスペーサーを抜き、型板を引き抜くと、下に隙間ができてアーチのベースにした型板が下に落ちるので、これをはずせばできあがりだ。

●窯口に扉を取りつける

さらに熱効率を上げるには、窯口に扉をつければいい。ただ単に鉄板でふさぐだけでもその役割は果たすが、格好はいいとはいえない。つくった窯の窯口に合わせて、鉄工所などで加工してもらうといい。

窯口の材料は一般的には鉄板、もしくは石板。外気を遮断するためならレンガやコンクリート、ブロックでもかまわない。ブロックが熱で割れたりすることはないが、そういった点では鉄板は完璧な素材といえよう。

ただし、厚い鉄板（例えば5～10㎜）は加工が困難。前に述べたように鉄工所などのプロに頼んで溶断してもらうと、重量などのあるすばらしいものができる。ちょうばんや取っ手をつけたりするのも容易である。

自作の場合は、1・5～2・5㎜の薄い鉄板を採用したい。ディスクグラインダーの先に鉄工用砥石をつければ比較的容易に切断できる。窯口にたいしボール紙やベニヤ板、新聞紙などでアウトライン（外線）のあたりをつけ、この形に合わせて鉄板に線を描く。ディスクグラインダーでカットするのだが、切断面は荒れていてけがをしやすいので、あらかじめ仕上げ加工（ディスクグラインダーを斜めにあて出っぱりをなめるようにする）をしたい。

扉のつけ方にはちょうばんを使ったり、転倒防止用脚をつけたり、窯口上部に扉止め用釘を打ったりする（特に釘を打ちやすい大谷石窯におすすめ）などの方法がある。転倒防止用の脚はL字型などが使いやすい。L字型の脚は扉の断面下部にL字型の鉄板を取りつけるもの。L字の下部は1・5～2・5mの長さがあればよい。扉本体に穴をあけ、ネジで止めると万全である。

完成後の鉄板の扉をむき出しにしておくとすぐにさびるので、耐熱塗料を塗っておくとよい。好みの色やデザインを楽しむことができよう。

また、窯床に耐熱性のあるタイル（1個当たりの寸法は20㎝四方、厚さ1㎝、値段は@600円前後から）を貼りつければ、見た目も美しく、表面の凸凹がないこともあってピザなどの料理の出し入れがより滑らかになる。

見た目も美しい耐熱性のあるタイル

どんな形も自由自在の土窯

（作業時間２時間～半日）

●手早くつくるのがコツ

土はやわらかく、いくら泥団子を積み上げても崩れてしまい窯の形にはならない。そこで、竹やササ、木の枝などで骨組みをつくり、泥団子を内外から貼りつけていくのが土窯の基本作業。このベースは外だけ出し、火入れをすることで焼け落ち、完成したときは土だけの窯となる。手軽な材料でつくれるし、ベースしだいで、どんな形にでもつくることができるのが楽しい。

作業を丁寧にすればするほど泥がダレて思ったような形にならないから、手早く「少々荒っぽいくらいかな」と思うくらいのつもりでつくるのがコツだ。

雨には弱いので、常設したいなら屋根がけが必要となる。セメントを混ぜれば、さらに耐久性が増す。

また、どんなに丁寧につくっても、土窯にはひび割れはつきもの。それでも、窯としての機能には支障はないので、あまり気にしないことだ。

●小枝や竹を編んでベースをつくる

ここでは、一般的なドーム型の土窯のつくり方を紹介しよう。温かみのある形で、使い勝手もよい。

［材料］ 土、木の杭16～24本、針金、ベース用材（山のササ、篠竹、木の小枝、マダケ、モウソウチクなど。重量がかかるので、太めのものを。また長いほうが全体で組み合わさって強度が増す）、草、石、水、（セメント）

［用意する道具］ スコップ、バケツ、ロープ（１～２m）、セメントをこねるフネ（またはベニヤ板１枚）、ノコギリ、剪定バサミ、ナタまたは竹割り器

［つくり方］ ①地面をならし、中央に杭を打ってロープを結び、コンパスの要領で地面に直径1・5～2mの円を描く。これが窯の内側のサイズになる。もちろん、こんな面倒なことをせずにエイヤッでもかまわない。

②円上に杭を打ち、杭を支柱にしてササや小枝を編む。できるだけ目を細かく編み、最後は互い違い

温かみのある土窯づくり

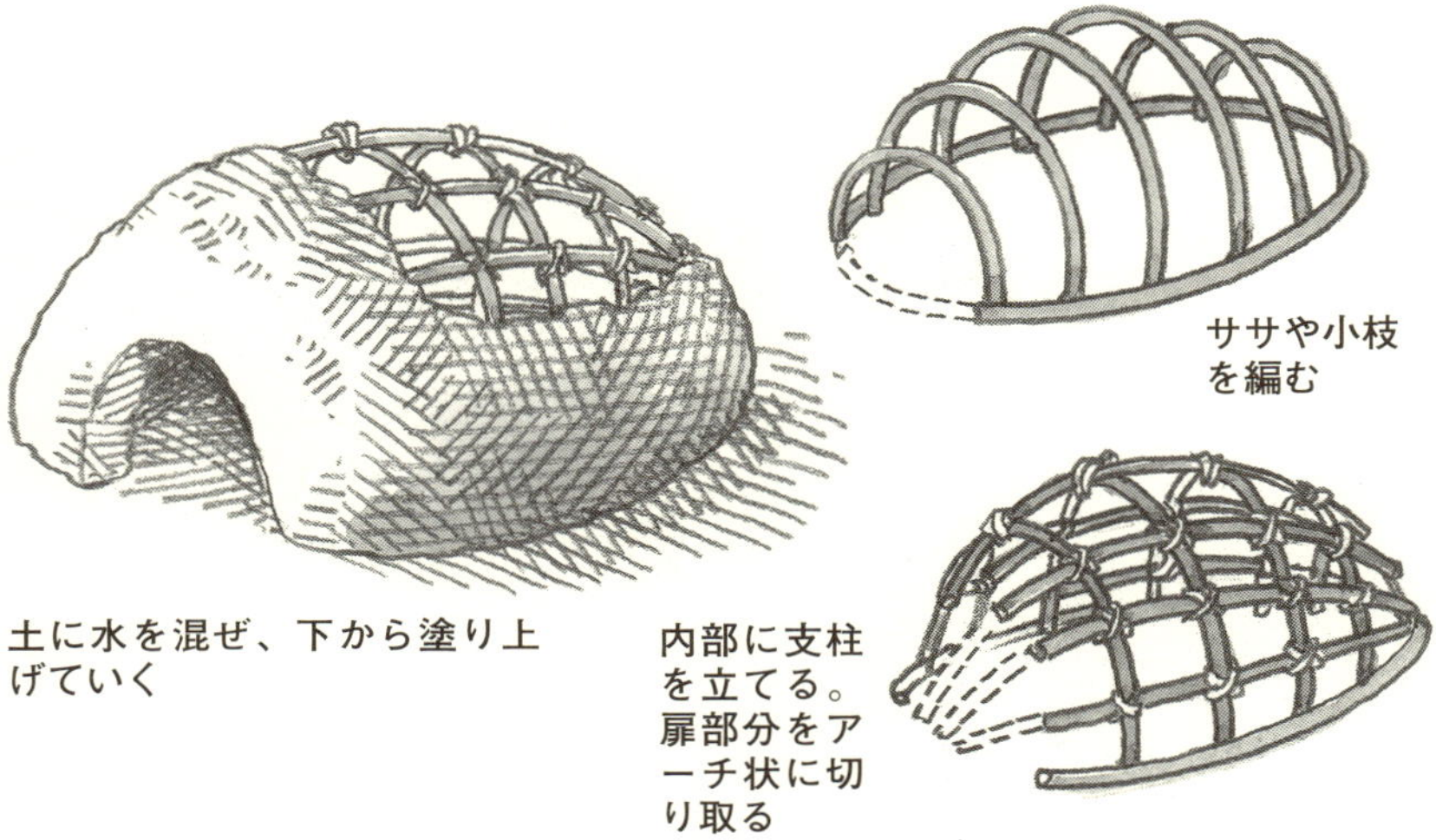

ササや小枝を編む
土に水を混ぜ、下から塗り上げていく
内部に支柱を立てる。扉部分をアーチ状に切り取る

にかみ合わせて絞ってカゴを伏せたような形にする。高さは40～50㎝くらいがいいだろう。

③泥を塗っていくときに重さでつぶれないよう、20本くらいの支柱を立てて針金で固定する。

④剪定バサミやノコギリで、窯口になる部分をアーチ上に切り取る。

⑤土に水を混ぜて泥をつくり、草を切って混ぜて塗る。厚さは5～10㎝くらい。天井部分は特にダレやすいのでかための泥を塗る。このとき、極めて粗くてもよいから、木筋コンクリートのイメージで泥の内部にネット上に木を入れておくと、さらに強くなる。この木は窯を何度も使っているうちに炭化する。

⑥1時間ほど乾燥させてから、火入れしてできあがり。ひび割れを最小限に抑えたいなら3日～1週間、自然乾燥させてから火入れする。

●本格窯なら同じ素材で土台もつくろう

どの素材の窯でも同じだが、常設して作業性をよくしたいならば、土台をつくって窯を高くつくるとよい。ここでは、窯本体と同じ素材でつくる土台づくりを紹介しておこう。

[つくり方] ①地面を平らにならし、つくりたい窯の大きさよりも30㎝くらい大きめの円を描く。

②描いた円上に8～12本、まっすぐな杭を打つ。

③杭を支柱にして、ササや篠竹、木の小枝、竹などを円柱状に編む。上面が広がりやすいので、むしろ上に行くほど狭まる台形をつくるようなつもりでいるといい。

④その中に土（石、古レンガ、古ブロックなどを混ぜてもよい）を詰める。編んだ目の間から土が出てくる場合には、草などを詰めてふさぐ。腰ぐらいの高さが理想だが、大変なら適当なところで切り上げてもよい。

●ベニヤ板でベースをつくる

後述する「ドラム缶窯（縦割りタイプ）」（次頁参照）とよく似たカマボコ形の窯。作業はより簡単。ベニヤ板の大きさを変えれば、好みのサイズに調節することもできる。

[材料] 土、ベニヤ板（90×90㎝）1～2枚、篠竹や木の小枝など、針金、草、石、水、（セメント）

[用意する道具] スコップ、バケツ、ペンチ、セメントをこねるフネ（またはベニヤ板）、ノコギリ

[つくり方] ①地面をならし、ベニヤ板を50～60㎝幅のアーチ状にたわめ、針金で固定して立てる。

②背面部のカマボコ形のあきを、小枝などを編むかベニヤ板を切って当ててふさぐ。ベニヤ板を切るときは、あき部分にベニヤ板を当てて印をつけて切ると簡単。

③土に水を混ぜてかためのの泥をつくり（水気がなくツヤの出ない状態）、草を切って混ぜ、厚さは5～10㎝くらいに塗る。

④ひび割れしてもかまわないなら1時間ほど乾燥させて火入れしてできあがり。ひび割れを最小限に抑えたいなら3日～1週間、自然乾燥させてから火入れする。ベニヤ板ごと燃やすので、取り出す際にこわす必要がない。

持ち運びにも便利なドラム缶窯
（作業時間30分〜1時間半）

●移動用にも常設にも向く万能窯

ドラム缶を利用すれば、軽くて丈夫な窯が簡単にできる。この窯は、車に積み込んで好きな場所で利用することが容易だし、庭に常設して多人数をもてなすこともできる、万能窯だ。

新品のドラム缶を手に入れたい場合は、ＤＩＹ店やホームセンターを利用しよう。店頭に置いていなくても、カタログなどに各種紹介されている。注文すれば取り寄せてくれるはずだ。値段は鉄製ならば2〜3万円、ステンレス製ならば6〜7万円といったところ。

「何も新品でなくても……」という向きには、中古・再生品を探すという手がある。値段は４０００〜５０００円。さらには、燃料店やガソリンスタンドに交渉して、使い古しのドラム缶を手に入れることも可能だ。この場合、ドラム缶は必ず排ガスや廃油を抜いて洗浄してもらうか、または中に水を十分はっておいてから加工しよう。店に頼めばやってくれる。そうしておかないと、加工時に思わぬ事故が起こる可能性がある。

●電動ディスクグラインダーで加工も楽々

ドラム缶を切るための鉄切り用電動ディスクグラインダーは、工具店で安く手に入れることができる。小型のもので十分だが、ディスクは消耗品なので多めに用意しておこう。安いものはすぐに摩耗するので、ほどほどのものを。

切り口がささくれだって危ないため、仕上げにディスクで角をとるといい。

●縦割りにすればリバーシブルタイプ

ドラム缶を利用した窯で、いちばん簡単なのは、縦半分に切った形。伏せて使えば窯に、ひっくり返して鉄板や金網をのせれば、バーベキュー台に早変わりするリバーシブルタイプだ。

半割りした片方を窯に、もう半分をバーベキュー台にすれば、料理の品数も一気に増える。バーベキ

便利なドラム缶窯いろいろ

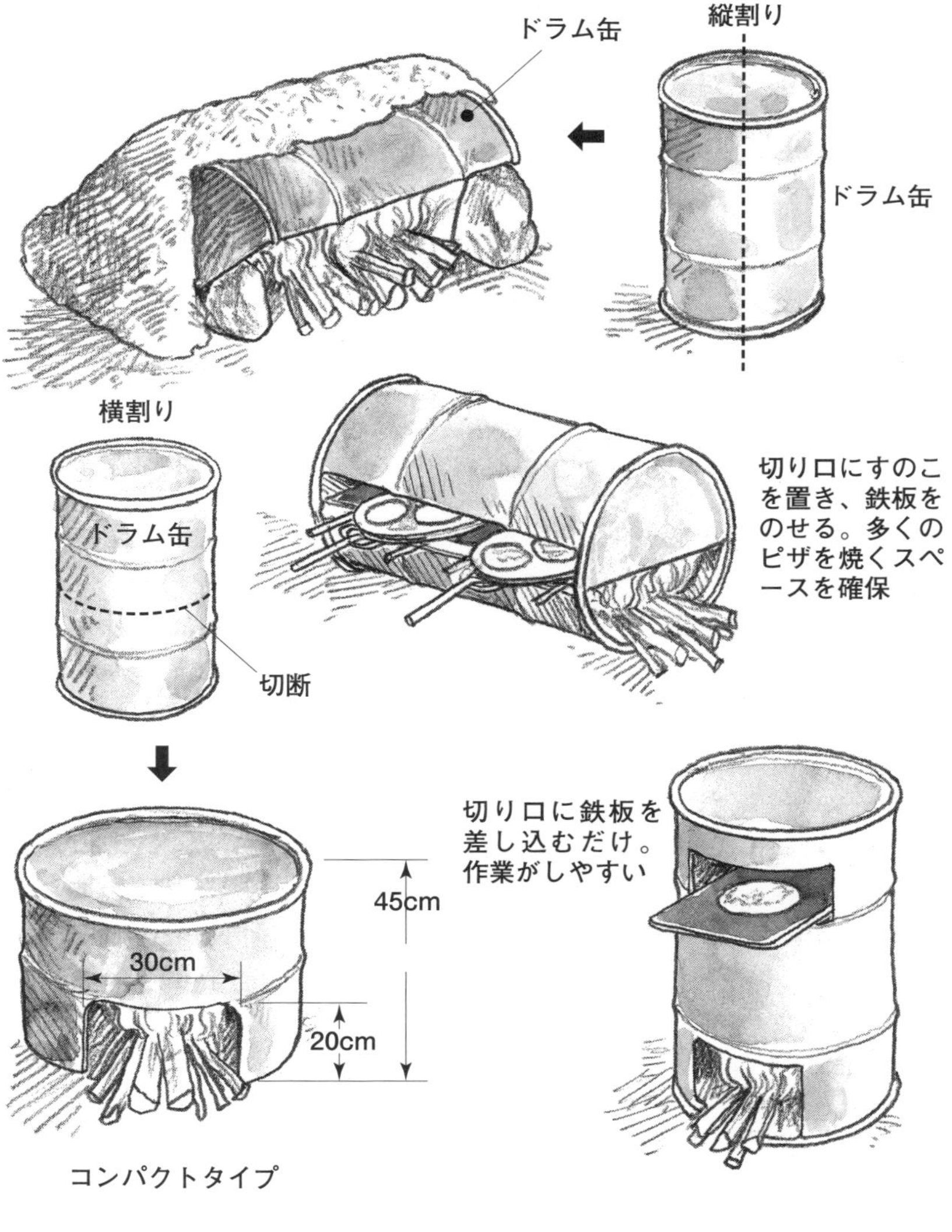

ュー台にするときは下部が不安定なので、台座などで固定させる必要がある。

［材料］ ドラム缶1個、ドラム缶を支える石、土、水

［用意する道具］ スコップ、バケツ、電動グラインダー、金やすり

［つくり方］ ①ドラム缶を電動グラインダーで縦半分に切る。

②地面をざっとならし、縦半分に切ったドラム缶を斜めに立てかけ、石で支える。うまく固定できない場合は石や泥で調節する。縦の切り口部分が窯口になる。

③よけいな隙間を石や泥で埋め、ドラム缶の上に厚めに土をかぶせて断熱効果を高める。

●横割りにすればコンパクトタイプ

ドラム缶を横割りにすれば、縦割りのドラム缶窯よりもコンパクトになり、設置も移動も、さらに楽々。もちろん常設窯にもなる。

［つくり方］ ①ドラム缶を電動グラインダーで横半分に切る。

②窯口用に、切り口から上に向けて横30×縦20㎝くらいの穴をあける。

③地面に置く。常設用なら、土をかぶせて断熱効果を高めるとよい。

●丸々使えば作業が楽々

ドラム缶を切らずに縦に使い、下に薪を入れる口を、上に料理したい材料を入れる口をあけ、上の口に鉄板を差し込めば、屈まずに作業ができる使い勝手のいい窯になる。

下の口で薪を燃やしながらピザなどを焼くことも可能。ただし鉄板が薄いと反ってしまうので、厚さ3㎜くらいのものを使うこと。ピザの表裏の焦げ具合は、鉄皿と、鉄板と鉄皿間を小石のスペーサー（小石）で調節する。

［つくり方］ ①ドラム缶に電動グラインダーで口を2つあける。薪口用は横30×縦20㎝くらい。窯口用は差し込む天板の大きさに合わせる。

②窯口に、鉄板の角の部分に対応したところにグラインダーで溝をつける。

③地面に置き、上部の窯口に鉄板を差し込む。

既成のかまど利用の即興アイデア
（作業時間1～2時間）

●かまどを窯につくりかえる

アウトドアで窯焼き料理をしてみたいけど、窯をつくるのは面倒だという人や、初めて窯で料理をしてみるという人向きの簡単テクニック。

キャンプサイトや自宅にあるかまどにちょっと細工をするだけで、たちまち窯ができあがる。準備に時間がかからず、誰でもできるので、キャンプ料理の定番・バーベキューに飽きて、ひと味変わった料理に挑戦したいときにもおすすめだ。

つくり方は、上部のすのこの部分に鉄板、もしくは薪や板（あとで燃料に早変わり！）を使って熱を閉じ込める。側面に隙間があるなら、そこも鉄板や石や薪、ブロックなどでふさぐ。要するに「焚き口だけがあいていて、あとは閉じた空間」をつくればいいのだ。必要な鉄板の大きさは、炉の大きさによって違うが、鉄板でふさぎきれない部分は石や薪でふさげば大丈夫。

●下で窯料理、上で鉄板焼きの一石二鳥

ふたに鉄板を使う利点は、この鉄板でも料理ができるということだ。焼きそばや鉄板焼き、お好み焼きなど定番の鉄板料理をするのもいい。

また、すのこ部分を完全にふさがず、一部をあけておいて直火を利用することもできる。やかんを置いて湯をわかし、食後のコーヒーの準備をするのも粋だ。

●ダッチオーブンは窯でもある

「窯をつくってクッキング」という本書の主旨とははずれるが、かまどや市販のバーベキュー台、ガスコンロにのせるだけでも窯になってしまうものもある。直火で焼くのではなく、素材の全面から熱が加わるように工夫すれば、それは窯なのである。

最初からそういう目的でつくられているのが、ダッチオーブン。一般的には鋳鉄製であり、鋳鉄は通常の鉄より熱をため込んで放熱する特徴がある。また、ふたの上におき火をのせることで、鍋内部を全

キャンプ用炉＆ダッチオーブンを利用

鋳鉄製のオーブンにおき火をのせ、内部を加熱

すのこ部分に鉄板をのせ、下で火を焚いて熱をこもらせる

面から加熱することができるようになっている。だから、煮炊きや炒め物だけでなく、パンやピザも焼ける。

●フライパンや鍋も窯に早変わり

この理屈さえわかっていれば、高価なダッヂオーブンを買わなくても、手持ちのもので代用することができる。

例えば、フライパンを2枚重ねて、上下からおき火で熱すれば、ピザぐらいは焼ける。ただし、薄いフライパンに直にピザ生地を置くとピザの底がすぐに焦げてしまうので、金網や小石などで底上げをして、そこに生地をのせるようにするといいだろう。

一斗缶を使えば、肉のかたまりだって料理できる。この場合も底上げをして、料理の素材が一斗缶に直接触れないように工夫しておくといい。

小石を敷き詰めた鍋にすっぽり入る小さい鍋や金ざるを入れ、隙間をさらに小石で埋めてから火にかければ、これだって立派な石窯。これは、家庭のガスコンロでも窯料理ができるすぐれものである。

（〜中川重年）

第3章

火を自在に操り窯クッキング

ローストした手羽肉のカレー風味

窯料理に使う道具・容器を用意

●あると便利な道具いろいろ

窯ができたら、さっそく料理を始めよう。その前に、窯クッキングに必要な道具や容器を紹介しておこう。

とはいえ、窯クッキングだからと特別な道具を準備しなければならないわけではない。高温の窯の中に入れても大丈夫なものであることだけクリアしておけば、家庭にあるもので十分だ。

火かき棒　トング　火ばさみ

窯の中の薪を動かしたり、料理の出し入れをするのに使う。市販されているものもあるが、適当な長さの木の枝でも十分代用がきく。トングや火ばさみは、薪を動かすだけでなく、焼いている肉や魚などを裏返すのにも使えるので重宝。

耐熱手袋

革製のものが一般的だが、新素材のものも出はじめている。もちろん軍手を重ねて使ってもよい。

おき火や灰を受けるもの

かき出した余分な灰やおき火を入れておくもの。金属のバケツや一斗缶などでいい。取っ手とふたがついていれば最高。

水を入れたバケツとぼろ布

火を扱うときには、必ず水を近くに置いておこう。また、時々料理をする窯床を水で濡らしたぼろ布で拭くことで、きれいになるだけでなく、窯内に水蒸

金属板の手づくりピール

フライパン

新素材の耐熱手袋

鍋とトング

うちわ

気が補給され、パンなどはパリッと仕上がる。

ピール

本格ピザの店で、窯の中から焼き上がったピザが、ボートのオールのようなものにのせられて出てくるのを見たことはないだろうか。あれがピールだ。もちろん、ただの木の棒や板だってよいのだが、これがあると本格派気分が味わえるし便利。木や金属板で、手づくりしてみるといい。

天板　ピザパン　アルミ皿

本格的石窯ならば、パンやピザを火床に直に置いて焼く。アマチュアがつくった石窯でもできなくはないが、窯床を常にきれいにするのも面倒なので、私たちは、ほとんどの料理をオーブン用の天板やアルミ皿などにのせて行っている。要するに、窯の中に入れても燃えたり溶けたりしないものであれば、なんでもいい。

縁がついているもののほうが、ソースや肉汁などが流れ出さずに使いやすい。ピザ焼き専用のピザパンは、底がメッシュのもの、穴があいているものなど、さまざまな種類が市販されてる。

市販のピザパンいろいろ

●重宝するフライパンや鍋

フライパン　鍋

取っ手が木やプラスチックでなければ、フライパンや中華鍋、土鍋なども窯の中に入れられる。焼き物だけでなく、スープや煮込み系の料理もできるので、窯料理のレパートリーは格段に広がる。

包丁　まな板

下ごしらえに使う。もちろんナイフで代用してもいいし、まな板なんかは、現地調達した平らな板や、段ボールだってかまわない。

素材を混ぜるもの

パンやピザの生地を混ぜたり、肉にタレをもみ込んだりするもの。ボウルが一般的だろうが、素材が入ればなんでもいい。私たちはよくビニール袋を使うし、鍋で代用したっていい。

子供会や学校のイベントといった大人数でパンやピザを焼くときには、プラスチックの衣装箱を使って材料を混ぜ合わせることもある。その後、再び衣装箱に復活させるのは難しいけれど……。

（中川重年〜）

燃料に薪や炭を使うことの意義

●雑木林管理で出てきたものを燃料に

私たちがよく使うのは、雑木林の管理作業をしたときに出てくるクヌギやコナラ、イヌシデなどだ。これらは、昔は燃料用としてよく使われていた。燃料革命以降、活用されずに荒れていた雑木林が、間伐などの管理をすることで若返り、林床の植物は元気を取り戻す。そのときに出てきた「薪」という資源を有効利用するわけだ。

あまり手入れのされていない雑木林には、よく枯れ枝や立ち枯れした木が見られる。また樹高の高い木には、枯れたままついている枝もたくさんある。木や竹の棒で叩くと落ちてくるので、これらを拾えば立派な薪になる。

これをすると林の中がすっきりしてくるので、間伐作業などをやったことのない人でも、ちょっと森林を管理した気になれるかもしれない。ただし、雑木林には必ず所有者がいるので、ちゃんと了解はとっておくこと。

近所に手ごろな雑木林がない場合は、園芸業者に頼んで選定した枝ゴミを分けてもらうのもいい。ただし、あまり細い枝は樹皮の割合が多く、よく乾かしてもどうしても煙が多くなる。

とはいえ、基本的に、薪は乾燥してさえいれば、何を使ってもよい。材質にこだわるより、手に入るものを有効に活用することを考えよう。

●建築廃材だって燃やせば資源

竹は火力は強いがススが多く、燃えている途中ではじけることがあるので、必ずナタ、カナヅチや丸太、時には車で踏みつぶしてひびを入れてから燃やそう。

マツは煙にヤニが多いので、窯内の掃除が少々大変だ。杉は火力が弱くすぐ燃え尽きるが、着火時のスターターには最適。特に杉の枯れ葉は油分を多く含んでいて燃えやすく、火をつけると簡単に燃やすことができて便利なので、手に入ったら、薪とは別に分けておくといい。

●生木を手に入れて薪をつくる

生木は乾くと割りにくくなる。直径5㎝くらいを目安にして、それ以上の太さのものは、手に入れたらすぐに割ってしまおう。薪を割るのも楽しい作業となろう。

割った薪は、風通しがいいよう井桁などに組んで、雨がかからない場所に積んで乾燥させる。本当は1年以上乾燥させるのが理想的。最低でも夏場で1か月、冬場なら3か月くらいは放置する。

そのとき、ブルーシートなどでぴっちり覆うと水分がこもって腐るので、トタン板で簡易的に屋根囲いをし、上にシートをかけるなど、風が通るようにしておこう。

裏技としては、窯を使った後、まだ窯が完全に冷えきらないうちに、窯を掃除してその中いっぱいに生の薪を詰めるという手もある。しばらくすると、薪に含まれた水分が窯の余熱で水蒸気になって湯気がたちのぼってくる。これを2~3回繰り返せば、薪はかなり乾燥する。

間伐材や建築廃材を薪として確保

●煙を気にする住宅地では炭を使用

薪を燃やすと、どうしても煙が出る。広い庭があって隣の家ともある程度距離がある場所ならいいが、家屋が密集した住宅地では、どうにも具合が悪い。そういう場合には、燃料に炭を利用するのがおすすめ。小型の窯なら、1回に3~5㎏くらいあれば十分だ。

炭には、大別して白炭と黒炭の2種類がある。JAS（日本農林規格）では「はくたん・こくたん」と称しているが、一般的な呼び名は「しろずみ、く

薪は端を井桁にして積んでおく

雑木林の管理に間伐は欠かせない

ろずみ」。

　黒炭は、着火しやすく燃焼も早く、すぐに温度が高くなる。窯の燃料として使うには、扱いやすく燃焼温度が高い黒炭がいいだろう。

　クヌギからつくられたものが最高品質だが、一般に出回っているものにはナラ、クリなどだ。マングローブなどを原料とした輸入品も流通している。樹皮がしっかり密着していて縦裂・横裂がなく、横断面が鈍い鉛色で放射状の細かい裂け目が一様に入っているものが良品だが、窯の燃料として使うなら、安いものでも十分。

　白炭の代表格は備長炭。その名のとおり、表面が白っぽい炭であり、世界レベルでも高品質と評価されている。その特徴は火つきは悪いが安定して長時間燃えること。わずか2〜3時間で料理を堪能する場合の石窯クッキングにはもったいない。

　野外キャンプなどに行ったときには、燃え残った消し炭を金バケツや一斗缶などに入れて、持って帰っておくといい。ちょっとした火種で容易に着火するため、扱いやすい。

料理をするには、まず火おこしから

●杉の枯れ葉と枯れ枝で着火する

いよいよ窯に火入れをするとなると、肝心なのは火おこし、つまり着火だ。薪は、ただマッチやライターで火を近づけただけでは燃えやしない。ちゃんと火をおこすには、それなりの準備と手順というものがある。

まずは窯内の縁部に細い枯れ枝を積む。これにマッチやライターで火をつけた杉の葉やヒデ（松ぶし）を差し込めばいい。杉の葉などがなければ、新聞紙などでもかまわない。それでも火のつきが悪いようなら、杉の葉や、なければ新聞紙などを上からのせて押さえつけてみよう。隙間を減らして熱がこもるようにすれば、完全に火がつくはずだ。

●薪は細→太が基本中の基本

燃えた葉や枝が灰になって落ち、下にたまりはじめたら、着火は成功。乾いた細めの薪を、火の上にふたをするようなつもりで重ねていこう。あくまで熱をこもらせるように重ねるのがポイントだ。

最初は細かい薪をこまめに足していく。太い薪は、おき火になった後で長時間熱を出し続けるが、着火に時間がかかるので、火が完全に安定してから入れたほうがいい。

●火を窯全体に広げる

部分的に火に勢いがついてきたら、薪の燃えている場所を、全体に広げていこう。

火を広げていくには、燃えている薪を長い棒で動かして、まだ燃えてない場所に火種を移動させればいい。火がついていない場所で、火を燃やす算段をあらためて繰り返すわけだ。灰やおきも重要な助燃料だから、一緒に動かそう。

ポイントは、やはり熱をこもらせることだ。

●ススが消え、おき火ができたら準備完了

火が安定したら、そのまま30分～1時間薪を燃やし続け、窯内に熱をためよう。最初は煙のススで窯の内側が真っ黒になるが、しばらくしてさらに窯の

温度が上がると、ススが燃えて消える（「スス切れ」という状態）。この状態になると、窯内の温度は２００℃を超え、準備が整ったことになる。そうなれば、いよいよ料理のスタートである。

温度の上がった窯のおき火を窯内の端に寄せて料理のスペースをつくろう。必ずしも、すべてをかき出す必要はない。そして、料理の最中に薪を追加したってかまわない。

それでも余分なおき火が出たり、料理を終えたときは、おきをふたのある金属のバケツなどに入れておけば、いつでも使えるスターターや助燃剤として重宝する。

ヒデ(松ぶし)は着火しやすい

ヒデや小枝を積んで着火してもよい

●1秒でアチチなら200℃

窯内に手を入れて1秒でアチチと出すようならば、窯内温度は２００℃。０・５秒ならば３００℃と思っておくとよい。５００℃となると、もう手は入れられない。入れるのはピザ生地だけにしておこう。ただし５００℃ともなると、もたもたしていると生地が焦げてしまうから、セミプロ向きの温度だろう。そこまで温度が高くなくても、３００℃以上ならば焼けるから心配ない。

料理によって適当な温度は違う。窯口に扉のあるような立派な窯であればいざ知らず、常に薪を追加しなければならないようなアマチュア窯ならば、かえって温度管理は簡単だ。高温で料理をしたいものは窯の奥へ入れ、必要ならば新たに薪をくべればいいし、そんなに高くない温度で料理をしたいときは、窯口の近くで焼けばいいのだ。

工夫しだいでアレンジ無限の窯焼きパン

●焼き加減は窯との対話から

焼きたてのパンの香ばしい香り。家庭にある電気オーブンでもパンは焼けるが、その時々の調子で微妙に焼き加減が変わる薪を使った窯でのパンづくりには、毎回新鮮な楽しさと、窯ならではの温かみがある。材料の分量や細かい手順を気にしないで、窯にまかせたパンづくりを楽しもう。

●生地は最初にゆすり回して混ぜるのがコツ

パンをつくるには、まずは生地づくりだ。

一般的な生地づくりでは、材料をボウルに入れて手でこねるが、私たちのやり方はちょっと変わっている。大きめのボウルやビニール袋に材料を全部一緒に入れ、強くゆすり回して混ぜ合わせるのだ。これだと小麦粉の組織をつぶさず全体がさっくりと混ざるので、初心者でも失敗がない。

全体が均一に混ざったら、今度はしっかりこねて生地を完成させるのだ。

●パンづくりの基本材料

基本材料だけを使ったパン生地（A）だけを使えば、シンプルなパンが焼ける。そこにリッチな材料（B）を加えると、コクのあるさらにおいしいパンになる。牛乳や卵を加えるときには、加えた分量だけ水を減らしておこう。水なしで牛乳だけで生地をつくってもおいしい。さらに好みでエクセレントな材料（C）を刻んで練り込んだり、窯に入れる前にエクセレント材料（D）をトッピングしたりすれば、いろいろなバリエーションが楽しめる。トッピングに小麦粉をふれば白い粉をふいたような素朴なパンになり、卵黄を塗ればつややかな照りが出る。

小麦粉は強力粉を使ったほうがパンがうまくふくらむが、国産小麦はたいてい中力粉だ。しかしそれでもけっこうそれなりのパンができる。全粒粉の小麦粉を使って、素朴な味わいを楽しむのもいい。

●初心者でも失敗なしの簡単パンづくり法

［A　基本材料］　小麦粉（強力粉または中力粉）　7

５０ｇ、ドライイースト少々、塩少々、水５００cc

［B　リッチ材料］卵、バター、牛乳、砂糖など

［C　エクセレント材料（練り込み材料）］クルミやアーモンドなどのナッツ類、レーズン、プルーンなどのドライフルーツ、ゴマなど

［D　トッピング材料］ゴマ、押し麦、小麦粉、卵黄など

［つくり方］①生地の材料（AまたはA＋B）を全部一緒にして大きめのボウルまたはビニール袋に入れ、強くゆすり回して全体が均一になるよう混ぜる。

②適当な大きさにちぎり、両手のひらでよくもむようにしてこねる。まずは粘りが出て、光沢が出てくるので、そこまでこねる。その場にいるみんなに適量を渡し、一緒に作業すると楽しくて早い。

③だいたいこね終わったところで、好みでCを加え、再びこね合わせる。

④③をひとつにまとめ、ビニール袋に入れて暖かい場所に置き、2倍の大きさにふくらむまで発酵させる。時間は夏場で30分、冬の寒いときで2時間くらいが目安。寒いときには、材料をポケットに入れ

生地をちぎり、両手のひらでよくもむ

光沢が出るまでこね、ボウルに戻す

ボウルごとビニール袋に入れ、発酵させる

たり腹巻き代わりにして温める。ちょっとしたニワトリの母親気分……。または、晴れた日ならば密閉した車の中に入れておいたり、また黒いビニール袋で覆っておくのもよい。もっと生地を慈しみたい向きには、材料にぬるま湯を使ったり、お湯をはったボウルの上にもうひと回り小さいボウルを浮かべ、生地を入れたビニール袋を入れて湯せんにかけたり、湯たんぽと一緒に毛布にくるむなどといった方法もある。でも準備は大変……。

⑤げんこつで叩いて生地のガスを抜き、適当な大きさにちぎって、好みの形に成形する。天板や鉄皿にのせ、好みでDをふる。本格的にパンをつくる人はここでもう一度生地をねかせて二次発酵をさせるが、そこまでやらなくても十分味わいあるパンになる。

⑥窯底の掃除と水蒸気の補給を兼ねて窯底面を濡れた布でひと拭きし、⑤を入れて焼く。バターロールくらいの大きさならば、200℃で10分くらいが目安。

●さまざまな形のパンをつくってみよう

せっかく手づくりなのだから、いろんな形や大きさのパンを楽しまない手はない。

例えば、フランスの田舎パン「カンパーニュ」を真似た丸形のパンを焼いてみよう。使う道具は柳のカゴ。100円均一ショップで売っているもので十分だ。生地をこね、丸めてカゴに入れて発酵させて、天板の上に逆さに置けば、きれいな筋目が入る。

またハート形の目玉焼き器を使ったり、カミソリで切れ目を入れたり、細長くしてねじってみたり。工夫しだいで楽しいパンができるからお試しを。

大きさによって焼き上がる時間は変わるが、香ばしい匂いがしてくれば焼き上がりの合図。不安なときは、串で刺してみるといい。生地が串についてこなければ、もう大丈夫。また、水分がとんで軽くなるのも重要な目安。

●イタリアの平型パン・フォカッチャをつくろう

ピザの原形ともいわれるイタリアのパン・フォカッチャは、ふっくらした食感の、塩味の薄型パン。ガーリックオリーブオイルを塗って焼いた生地は独特の歯ざわりで、焼きたては特においしい。

ガーリックオリーブオイルは市販されているが、

愛らしい形のブリオッシュ

軽やかな口当たりの大麦パンとメランジェ

ニンジンなどを加えた野菜パン

時には形状を自由自在に創作する

オリーブオイルの瓶に、スライスまたはみじん切りのニンニクを入れておくだけでできるから、手づくりしておくと便利だ。漬け込んだニンニクも料理に利用できる。もちろん、通常のオリーブオイルだってかまわない。

[材料] 小麦粉（強力粉〜中力粉）1kg（うち250gは打ち粉用）、ドライイースト少々、ガーリックオリーブオイル少々、塩少々、水500cc

[つくり方] ①打ち粉用の小麦粉、ガーリックオリーブオイル以外の材料をすべて混ぜ、耳たぶくらいのかたさにこねる。

②ビニール袋に入れて暖かい場所に置き、2倍くらいにふくらむまで発酵させる。

③適当な大きさに分けてまとめ、打ち粉をふって、3〜4㎜の厚さの楕円形にのばす。爪で表面に穴をあけ、ガーリックオリーブオイルを塗る。この作業は子供にまかせると、喜んで作業に加わってくれる。

④窯で焼く。目安は300℃で5分ほど。

お好みで、焼き上がりにさらにガーリックオリーブオイルをかけたり、バジルやローズマリーなどのハーブ（生を刻んで使うのがベストだが、ドライハーブでもOK）、唐辛子、粗挽きの黒コショウなどをトッピングすると楽しい。

●ナンやチャパティーだって簡単

フォカッチャと同じ要領で、少々材料を変えれば、インド料理のナンやチャパティーができる。

ナンは強力粉にドライイーストまたはベーキングパウダー、砂糖、ヨーグルト、サラダオイル（本場では水牛の乳でつくったバターのような「ギー」というオイルを使うが、その代用）を混ぜた生地を発酵させ、木の葉形にのばして窯で焼く。

生地は水分を多めにしてやわらかくしておいたほうが口ざわりがよい。できれば、その日の朝か前日から生地の準備をして馴染ませておいたほうが、よいできあがりとなる。またオイルと砂糖を多目にしたほうがしっとり感が出る。

全粒粉の小麦粉を使い、イーストなどを加えず（発酵させない）に平たく丸くのばして鉄板で焼けばチャパティーになる。これは薄くのばしたほうが食べやすい。

定番メニューの窯焼きピザ

●窯で手づくりならば、やっぱりピザ

自分の窯をつくったならば、ピザを焼かない手はない。仲間とわいわい集まるときの料理にも最高だ。

ここでは1人分ずつ小分けしてつくる方法を紹介するが、天板いっぱいに生地を広げて大きなピザをつくってもいいだろう。

●トッピングはお好みしだい

［生地の材料（直径20㎝で5枚分）］ 小麦粉（強力粉～中力粉）1kg（うち250gは打ち粉用）、ドライイースト少々、砂糖少々、サラダオイルまたはオリーブオイル少々、水500cc

［トッピングの材料］ 溶けるタイプのチーズ、好みの野菜、ハム、ベーコン、ゆで卵、ツナ缶、冷凍シーフードミックス、ブラックオリーブ、アンチョビなど

［ピザソース］ 市販のピザソースを準備するのがいちばん面倒がないし、おいしい。それでも自分でつくりたいのならば、市販のトマトソース1瓶に対してトマト水煮ホール缶2缶の割合で混ぜるか、またはトマト水煮ホール缶をそのまま、粗くつぶして使う。子供会などで大量につくるときは、この方法が安価だ。ただし、いずれにしてもトマトの水分を十分にとばさなければ、ベタベタのピザになる。あくまでかために。そのためには、前日につくっておいたほうがよいだろう。

トッピング材料を用意する

手で生地を薄く平らに均一にのばす

トッピング材料をのせた生地をピールで窯床へ押し込む

［つくり方］ ①生地の発酵まではパンと同じ。

②オイルを塗ったアルミ皿または手ごろな大きさに切ったアルミ箔の中心に適量の生地をのせ、手で薄く平らに均一にのばす。手のひらと指を使って押しつけるようにして皿と生地の間の空気を抜き、爪で数か所空気穴をあける。フォークでつついて穴をあけてもいい。

③ピザソースを塗り、各自好みのトッピングをのせて、溶けるチーズをたっぷりのせる。

④300～500℃の窯に入れ、縁やチーズに焦げ色がつくまで3～5分焼く。

●生地の薄いタイプは一気に焼く

生地の薄いイタリアンタイプのピザは、強い火で一気に焼く。

ポイントは、釜の内部温度を300～500℃くらいまで上げ、3～5分で焼き上げること。そんな高温をつくるには、最初にたっぷりの薪を燃やして、熱をこもらせよう。

釜内部の温度は燃やす薪の量によって決まる。最低で30分、できれば1時間は、あらかじめ薪を燃やすようにしよう。

　もっとも、多少温度が低くても、焼き上がりに時間がかかるだけで、それなりにピザは焼けるので、あまり神経質になる必要はない。

　ただし、あまり温度が低すぎると、生地がパリパリになって、水分がとんでしまうので注意したい。

●天板を使うと作業がしやすい

　一室構造の窯でピザを焼く場合には、炎の上がっている薪を脇のほうにずらし、真ん中をあけるようにする。


　トッピングしたピザを、アルミホイル皿にのせて焼く。トッピングを終えたピザは、皿ごともつと、扱いやすい。トッピング。天板がない場合には、アルミホイル皿を直接、床の上にのせてもよい。

　下で火を燃やす二段構造の釜の場合は、棚に天板、またはピザを置いて焼こう。

　焼き上がりの目安は、生地の縁に香ばしい焼き色がついて、チーズがふつふつとして少し焦げ色がつき、さらに生地の裏面に焦げ色がつくこと。この３点がうまくいくかどうかがピザ焼きの楽しみ。

ベーコン、キノコ入りピザ

季節の山菜を入れたピザ

ピーマン、タマネギ、キノコ入りピザ

でっかく焼こう！ 窯で肉料理

●ミートローフをダイナミックに

天板いっぱいにつくったミートローフを切り分けると、わっと歓声があがる。とても簡単だがダイナミックな「ごちそう感」が楽しめる。しかも材料費が安いのは魅力だ。

バリエーションも工夫しだいだ。スパイスに凝って本格派の風味を演出したり、好みの材料を刻んで入れて味に変化をつけることもできる。冷凍のミックスベジタブルを生地に混ぜたり、ゆで卵やゆでたグリーンアスパラなどを埋め込めば、切り口の美しさが楽しい。パン粉を混ぜるとき牛乳を加えて生地をゆるめにすれば、やわらかな仕上がりになる。

[基本の材料] 合いびき肉、タマネギ、ニンジン、パン粉、塩、コショウ、サラダ油

[基本のつくり方] ①タマネギとニンジンを適当に切る。粗みじんで上等。

②ボウルにひき肉を入れてこね、パン粉と①、塩、コショウを加えてよく混ぜる。①はあらかじめ炒めておいてもいいが、生のまま使ったほうがシャキシャキした歯ざわりが楽しめるのでおすすめ。

③天板にサラダ油を塗り、②をのせて整形した後、窯に入れて焼く。厚さが8㎝の場合は150～200℃で約30分。厚さ4㎝の場合は200～300℃で約20分が目安。じっくり焼こう。

[バリエーションの材料] 各種スパイス（オールス

ミートローフを形づくる

ミートローフのできあがり

パイス、ナツメグ、クローブ、バジル、セージ、ローズマリーなど）、ゆで卵、冷凍ミックスベジタブル、好みの野菜（コーン、セロリ、ニンニク、ピーマンなど）やキノコ類（生シイタケ、シメジなど）、ドライフルーツやナッツ類（レーズン、プルーン、アーモンド、クルミなど）

●巨大ハンバーグでケーキカット

普段と同じ材料でつくったハンバーグも、全員分を一緒に天板に並べ、つけあわせのジャガイモやニンジンを回りに散らして窯で焼き、みんなの前で各自の皿に取り分ければ、特別な日のごちそうに早変わり。また、全員分のハンバーグのタネをまとめて大きなハンバーグをつくり、天板にのせて窯で焼いて、ケーキのように切り分けて食べるのもインパクトがあり、子供たちには大受けだ。

普通の大きさのものならば、２００〜３００℃で10〜15分が目安。家庭で焼くときも同じだが、真ん中を高くすると中まで火が通りにくく上の部分だけが焦げやすいので、やや中央をへこませるよう成形するのがコツだ。

●ふっくら仕上がるオーブン焼き肉

焼き肉を窯で焼く、というと不思議に思えるかもしれないが、これが実は超簡単でしかも美味。肉と野菜と調味料全部を混ぜて天板に広げ、窯に入れておくだけで、肉がやわらかく全体がムラなく焼ける。しかも、肉は一度返すだけで手間が一切いらない。この場合の肉は牛肉、豚肉、鶏肉、羊肉など、なんでもＯＫ。

調味料は市販の焼き肉のタレやデミグラスソースなどを利用すれば簡単。もちろん塩、コショウだけ

牛肩ロースにタレをかける

オーブン焼き肉のできあがり

でも、手づくりのタレをつくったってかまわない。あらかじめ調味料に漬け込んでおいても、焼く直前に調味料とあえてもいい。

ちょっと目先を変えたいときには、プレーンヨーグルトにカレーパウダーと塩を加えたタレで、インドのタンドリー風焼き肉を楽しんでみてはどうだろう。ビニール袋に鶏肉や羊肉を入れてヨーグルトダレを加え、袋ごと手でよくもみ込んで焼くと、かなり本格派の味が堪能できる。一晩漬け込んでおけば、さらにやわらかく仕上がり、おいしい。

●かたまり肉はじっくりと

大きな肉のかたまりや、鶏一羽丸ごとがダイナミックに焼けるのも、窯の魅力のひとつだ。肉の大きさにもよるが、200~250℃で約1時間といったところが目安。じっくりのんびり焼いていくようにしたい。

その間、様子を見ながら肉を何度もひっくり返すと、まんべんなく火が入る。焦げるようならば、材料の上にキャベツのような葉物をのせて対処しよう。

牛肉を使えば、ローストビーフになる。牛肉をタマネギ、ニンジン、セロリなどの香味野菜と一緒に赤ワインに漬け込んで（ビニール袋を使うと効率がいい）おくと、ひと味違う。牛かたまり肉を切らずにそのまま串に刺して焼き、焼き上がった肉を串を支点に立ててナイフでそぐように切れば、ブラジル料理のシェラスコ。羊肉を同じように料理すれば、トルコ料理のドネル・ケバブだ。

豚バラ肉のブロックを、みそとしょうゆ、カラシ少々に唐辛子を混ぜたみそダレに一晩漬けておいて焼いてもおいしい。また、肩ロースをしょうゆとみりんのタレに漬けてから焼けば見事なチャーシューができる。

ローストチキンをつくるときは、外側とお腹の中全体にまんべんなく塩、コショウ、好みのスパイスやハーブをすり込んで焼く。両方の手羽を背中で組み、両足が開かないようタコ糸でしばっておくと格好よく仕上がる。

ひと味変わります 窯で野菜ロースト

●季節の野菜をなんでも

窯でじっくり焼き上げた野菜は、ほのかに甘みが増して、味わい深い。野菜を丸ごと、または好みの大きさに切って天板に並べ、季節の大地の恵みを存分に堪能しよう。

野菜やくだものをふんだんに用意

ガーリックオイル味の蒸しレタスの完成

［材料］好みの野菜（タマネギ、ニンジン、ピーマン、長ネギ、ナス、トマト、キャベツ、ブロッコリー、カリフラワー、ジャガイモ、サツマイモ、サトイモ、カボチャ、ニンニク、ゆでタケノコなどなんでも）、オリーブオイル、塩、コショウ

［材料の下ごしらえ］とにかく、食べやすい大きさにして軽く塩、コショウをふればいい。トマトなんかは当然、ジャガイモやサトイモも皮つきのまま丸ごとでＯＫ。ブロッコリーやカリフラワーは、軸がかたいのが嫌ならばサラダオイルをかけて軽く火を通しておく。

［調理のポイント］①野菜に火が入る時間を計算して入れること。つまり、火の通りにくいイモや根菜類は先に入れ、ピーマン、葉物、トマト、タマネギなどすぐ火が通るものは食べる直前に入れる。そうすれば、ひとつの天板で全部一緒に焼くことができる。

②イモ類やカボチャ、ナスなどは、窯に入れる前にサラダ油かオリーブオイル少々をかけると、外側はパリッと内側はホクホクに焼き上がる。

［バリエーション］好みで仕上げに粉チーズやパン粉をふってグラタン風に焼き上げてもいいし、全体にオリーブオイルをかけ、バジルやタイム、ローズマリーなどの香草を散らして焼くと、おしゃれに仕上がる。

●残り野菜がごちそうに変身

耐熱皿や天板に野菜を並べ、チーズをのせて焼き上げると、グラタン風の重ね焼きとなる。残り野菜も豪華なごちそうに大変身だ。２００～３００℃で約10分焼くのが目安。

［材料］好みの野菜（タマネギ、ジャガイモ、キャベツ、ナス、トマト、ピーマンなど）、溶けるチーズ、塩、コショウ

［材料の下ごしらえ］タマネギは皮をむき薄切りに。ジャガイモは先に窯に入れて丸ごと焼いておき、厚さ１cm程度の輪切りか４つ割りにする。焦げた皮は香りがよいので、子供たちにもすすめたい。キャベツは食べやすい大きさにしておき、ナスは薄切り。トマトやピーマンは輪切り。

［つくり方］①好みの野菜を下ごしらえして、耐熱皿か天板に、やや斜めに少しずつ重なるように並べて塩、コショウをする。

②窯に5分くらい入れて野菜に熱を通した後、取り出してチーズをかける。

③あらためて窯に入れて焼き上げる。

［バリエーション］バターや生クリームを加えれば、ぐっとコクが出る。また、オリーブオイルを少々ふり、パン粉をふってさっぱりと焼き上げてもおいしい。ジャガイモとタマネギにベーコンを加えれば、窯焼きのジャーマンポテトだ。

野菜に焼き肉の残り汁を入れる

熱々の野菜の煮込みができあがる

●焼きイモがホクホクに

焼きイモは、どんな温度でも上手にできる、窯ならではの簡単メニューだ。

石焼きイモはなぜうまいのか？　それはイモに直接火を当てて焼くのではなく、焼いた石が出す遠赤外線の輻射熱でじっくり加熱してイモの甘みを引き出すからだ。窯料理の原理も輻射熱だから、窯焼きのイモは石焼きイモのようにホクホクとして甘く、しかもなかなか冷めにくい。

アルミホイルを使えば簡単だが、ここでは新聞紙を何重にも巻く方法で焼いてみよう。バーベキュー場に捨てられたアルミホイルは利用者のわがままがそのまま残されたものだ。新聞を何枚巻けばよいか、どれくらい濡らしておけばよいかは、その窯のコンディションによって変わるノウハウのひとつ。各自で試してみてほしい。

焼きイモによい品種とされているのはベニアズマ。品種によっては、ホクホクに仕上がらずベタベタするものもあることも知っておこう。何食わぬ顔をして参加者にこんな蘊蓄《うんちく》を語るのも、楽しい。

［材料］　サツマイモ

［つくり方］　①新聞紙をびしょびしょに濡らし、水が多少したたる程度に軽く絞る。

②サツマイモを①の新聞紙で包む。

③窯に入れて焼き上げる。焼き上がりまでの時間はイモの大きさや窯の温度によって変わるが、20～40分が一応の目安。新聞紙の隙間から竹串をさしてみて、すっと通るようになればできあがり。ジャガイモやサトイモでも、同じやり方で楽しめる。

冷凍ポテトに赤ピーマンを加え、卵を入れる

あっという間に完成の卵焼き

フライパンや鍋で、おすすめ窯料理

●子供が大喜び！　カレー味の簡単パエリア

スペイン・バレンシア地方の漁師の炊き込みごはん、パエリアは、オーブンで炊き上げるサフラン味の米料理。窯をつくったら一度は試してみたい。本来は専用の平たいパエリア鍋を使うが、フライパンやすき焼き鍋、中華鍋などで窯に入る大きさのものがあったら、それで十分代用できる。

サフランはやや高価なので、代わりにターメリックで代用してもいいだろう。むしろそのほうが、子供たちには好評だ。

鍋底にこんがりできる「おこげ」が香ばしくて美味。残さずこそげとって食べよう。

［材料　4～5人分］ 米4合、シーフードミックス、好みの野菜（タマネギ、ピーマン、赤パプリカ、黄パプリカ、コーン、グリンピース、マッシュルーム、シメジなど）、トマトペースト1缶（またはケチャップ）、固形スープの素1個、塩、コショウ、ターメリック

［つくり方］ ①野菜を食べやすい大きさに切る。

②鍋にシーフードミックスと野菜以外の材料、調味料を入れ、水をひたひたまで入れる。

③アルミホイルでふたをして200℃の窯に入れる。10～15分ほどしてグツグツ煮える音が消えたら、いったん取り出して米の状態を確かめる。まだかたいが水分がなくなっていたら、水分を足す。このころにシーフードミックスを入れる。

④煮上がる直前に野菜を入れる。米がほどよいかたさに煮えたら、アルミホイルをはずして再び窯に入れ、表面に軽い焦げ目がつくくらいまで焼く。

●ワインでも飲みながら…本格派パエリア

簡単パエリアでも十分楽しめるのだが、せっかくだから本格的につくってみたい、という方のために、本格派のレシピも紹介しておこう。ワインでも飲みながら、その工程を楽しんでみるのもいい。

［材料　4～5人分］ 米4合（パラパラに仕上げる

には、米をとがないこと）、好みの魚介類（アサリ、ムール貝、エビ、イカなど）、牛ひき肉50ｇ、鶏もも肉1枚、好みの野菜（ピーマン、赤パプリカ、黄パプリカ、コーン、グリンピース、マッシュルーム、シメジなど）、タマネギ1／2個、ニンニク1片、パセリ少々、レモン1／2個、トマトペースト1缶（またはケチャップ）、固形スープの素1個、オリーブオイル、塩、コショウ、サフラン

［つくり方］①タマネギ、ニンニク、パセリはみじん切りにする。他の野菜や鶏肉、魚介類は食べやすい大きさに切る。貝類はタワシでこすって汚れを落とす。

アサリなどを入れた本格派のパエリア

②湯７００ccに固形スープの素を溶く。サフランひとつまみを湯少々に入れ、もどしておく。

③フライパンを火にかけてオリーブオイルを熱し、牛ひき肉、鶏肉、魚介類を入れてさっと炒め、取り出す。

④同じフライパンに再びオリーブオイルを入れてニンニクを炒め、香りが出てきたらタマネギも加えて炒める。

⑤タマネギが透明になったら、とがないままの米を入れてよく炒める。お米が透明になる直前に、野菜類とトマトペーストを加える。

⑥②のスープをひたひたくらいまで注ぎ、サフランも加えて塩、コショウして味を調え、魚介類をきれいに並べる。オリーブオイルをまんべんなくかける。

⑦アルミホイルでふたをして窯に入れる。

⑧米がほどよいかたさに煮えたら、アルミホイルをはずして再び窯に入れ、表面に軽い焦げ目がつく

くらいまで焼く。

⑨焼き上がりにパセリをふり、くし形に切ったレモンを添える。

●鉄板じゃなくても絶品焼きそば

焼きそばは鉄板で焼くもの、と思い込んでいないだろうか？　だが鉄板でいちいち焼かずに窯で一気に調理した焼きそばは、中までしっかり均一に火が入り、なかなかおいしい。

つくり方は簡単。材料は、いつもの焼きそばの材料と同じだ。材料を切り、調味料と一緒に天板やフライパンにのせて窯に入れる、たったそれだけでおいしい焼きそばができる。火力が強くても大丈夫。多少荒っぽくても全然平気だ。

中華鍋を窯に入れただけでできる焼きそば

めんと具は別々に（ひとつの天板の上に分けて置いてもいい）焼いて後から混ぜてもいいが、いちばん簡単なのは、めんも具も調味料も全部一緒に混ぜて窯に入れてしまうこと。野菜の上にほぐしためんをのせて、軽く焼き色がつくまで焼く。一、二度かき混ぜればできあがりだ。ソース味でもしょうゆ味でも塩味でも、お好みで。

●寒い日には熱々ポトフ

煮込み料理も窯を使えばひと味違う仕上がりに。寒い時期には、温かいポトフが最高だ。

好みの材料を鍋に入れて塩、コショウで味を調えるだけで、窯の熱が素材自身のうまみをじっくり引き出してくれる。

水分のとび具合を見ながら２００℃で40分～１時間くらいが目安。パンなどを焼いた後の窯の余熱を利用して一晩おいておくのもいい。同じ要領で味を変えれば、シチューや煮物などにもなる。

食後はやっぱり！窯でつくるデザート

●混ぜて焼くだけの簡単ケーキ

ケーキを焼くというと、粉をふるったり材料を計ったりするのが手間がかかると思いがちだが、実際やってみると、アバウトにつくっても失敗しない。ここでは材料を混ぜて窯に放り込むだけでできる簡単レシピを紹介するが、一度つくったらこのレシピもそれぞれでつくりかえてみてほしい。そこからオリジナリティが生まれるのだから。

コツは、生地を練りすぎないこと。少々のダマがあっても大丈夫だから、気にしないでさっくりと混ぜるのがいい。

温度は２００℃以下で40分くらいが目安。簡単レシピとはいえども、お菓子だからこそ見た目はきれいに仕上げたいもの。ススがかからないよう、薪が完全におき火になってから調理をするようにしよう。それでも気になる場合は、余っている鉄皿などでふたをすればいい。

［材料（25～30㎝角の天板１枚分）］ 薄力粉とホットケーキミックス（各半量）合計で２００g、卵８個、バター１２０g、砂糖１００g

［つくり方］ ①バターをボウルに入れ、窯のそばに置いて溶かしバターにしておく。

②別のボウルに分量の卵を割りほぐす。

③砂糖と溶かしバターを加え、よく混ぜる。

④粉を加えてさっくりと混ぜ合わせる。

⑤天板にクッキングシートを敷き、④の生地を流し込み、窯に入れて焼く。

［バリエーション］ アーモンドやクルミなどのナッツ類やドライフルーツ、煮たリンゴ（粗く刻む）、マーマレード、ジャム、すりおろしたニンジンなど、好みの材料を混ぜ込んでみよう。

●さくさく軽いメレンゲクッキー

メレンゲとは卵白を泡立てたもののこと。これを１５０℃くらいの窯で乾燥焼きすると、サクッと軽い食感で、口に入れるとトロリととろけるメレンゲクッキーになる。卵白をしっかり泡立てるのと、ほかの料理を終えてやや温度の下がった窯に入れて焼くのがポイントになる。

［材料］卵白4個分、砂糖120g

［つくり方］①ボウルに卵白を入れ、氷水で冷やしながら泡立てる。

②砂糖を数回に分けて入れ、ツノがピンと立つまでしっかり泡立てる。

③天板にクッキングシートを敷き、②をスプーンですくって置く。

④低温の窯で、カリッとするまで乾燥焼きする。

お好みで刻んだナッツ類を混ぜ込んで焼くのも美味。ナッツ類はあらかじめ刻んで天板に広げ、窯に入れて軽く焼いておいてから使うと、香ばしさが増しておいしい。

●懐かしい味、焼きリンゴ・焼きカボチャ

甘酸っぱい香りがなぜか郷愁をそそる焼きリンゴは、窯に入れっぱなしで誰でも失敗なくできるのがうれしい。リンゴは紅玉など酸味のある種類を使うといいのだが、最近は酸味の少ない甘いリンゴが主流なので、レモン汁をプラスして味をひきしめる。

焼いているうちにバターが溶けてあふれてくるが、この汁が美味なので、少し深めの耐熱皿を使って受け止め、何度もリンゴにかけながら焼こう。最後に残った汁は、パンなどにひたして食べてしまおう。

［材料］リンゴ、バター、砂糖、レモン

［つくり方］①リンゴの芯をスプーンでくりぬいて穴をあけ、レモン汁少々をふる。

②バターと砂糖を詰め、少し深さのある耐熱皿に入れ、窯に入れて焼く。200℃で30分が目安。

同じ要領で材料にカボチャを使った「スイート焼きカボチャ」も美味。

カボチャの上部がふたになるよう切り、ワタとタネをスプーンなどでくりぬいて、そこに砂糖とバターを入れる。先に切り取った上部をふたにして窯に入れよう。焼き上がったら切り分けて、焼き汁をかけながら食べる。

（～中川重年）

窯料理の後には、お手軽燻製づくり

●加工食品を使えば簡単

料理を終えた後でも、窯はまだまだ熱を蓄えている。残ったおき火も利用して、燻製づくりに挑戦してみよう。市販のスモークチップを利用すれば簡単。プロセスチーズや塩鮭の切り身など、下ごしらえのいらない市販品を利用すれば手間いらずだ。

［材料］スモークチップ、プロセスチーズ、ゆで卵、カマボコ、チクワ、魚の干物、塩鮭の切り身など

［つくり方］①窯におき火を入れ、スモークチップをパラパラかけて煙を出す。

②その上に足つきの金網（なければレンガや石などで台をつくって、その上に金網をのせる）を置き、好みの材料をのせてスモークする。

●箱を使って効率よく

窯の中を煙でいっぱいにして少量の材料をスモー

深い味わいのハム

窯から出したソーセージ

燻煙をかけたチーズとウズラの卵

クするのは効率が悪い。窯口に扉のない窯ならば、なおさらだ。効率よく燻煙するには、スモークチップと材料を、箱のようなものでかぶせてしまえばいい。

わざわざ燻煙用に箱をつくらなくても、一斗缶があれば、そのまま使える。寸胴などの大きな鍋でもいいが、その場合は、取っ手などがプラスチックや木でできているものは避けよう。

材料に箱をかぶせるときは、石などをかませて空気の通り道を少しあけておこう。そうしないと、箱の中で火が消えてしまう。

●本格的な燻製に挑戦

生の食材から本格的な燻製をつくるときには、最初に材料を塩漬けしてからスモークする。生で食べられない食材を使うときには、

①先に食材に火を通す（例／スモークチキン）

②燻製にしたものを加熱して食べる（例／ベーコン）

③燻製中の温度を高くして、食材に火を通す（例／魚の燻製）

の3つの方法がある。それぞれのつくり方を紹介しよう。

［材料］ 燻製にしたい食材（鶏肉、豚ブロック肉、魚など）、塩、コショウなどの調味料、好みのスパイス（ローリエ、バジル、セージ、オールスパイス、ナツメグ、タイムなど）

［用意する道具］ 足つきの金網（またはレンガと金網）、スモークチップ（サクラなど）

［あると便利な道具］ 温度計、タコ糸、針金、Sカン、脱水シート、乾燥用ネット、魚干しのネット、

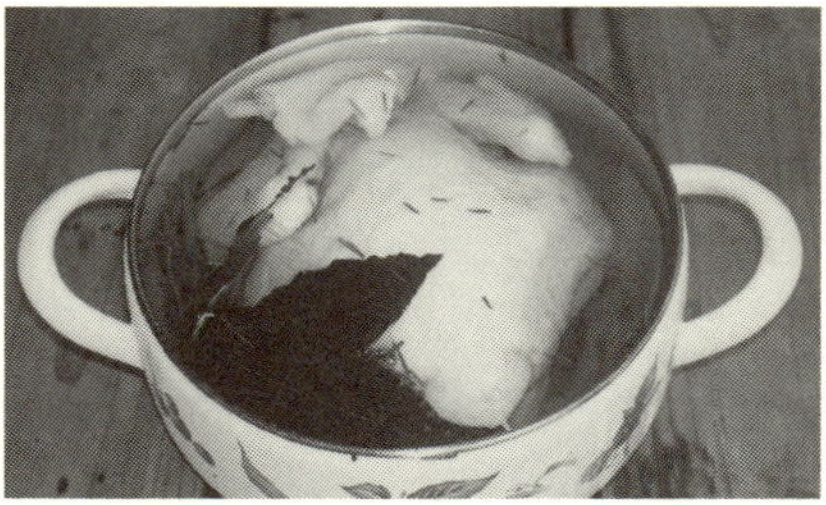

塩、スパイスをすり込んだチキンをゆでる

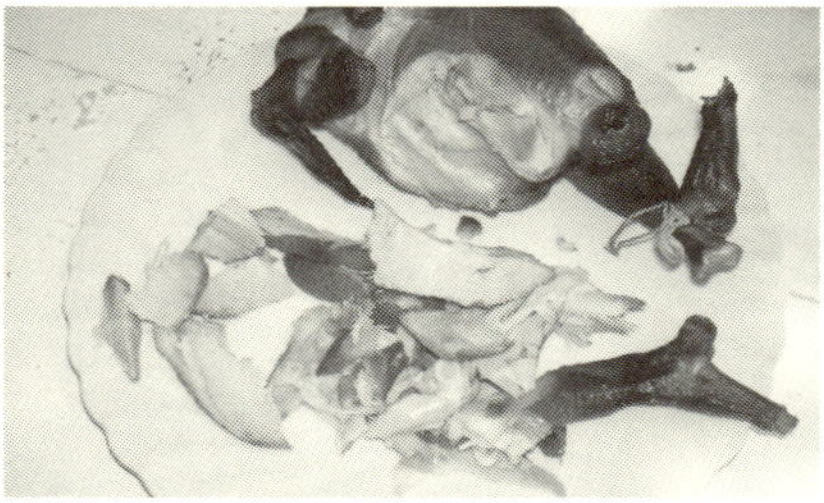

色づくまでスモークしたチキンを食べる

窯から出したベーコン

スモークエッグ

ベーコンのできあがり

トング

［スモークチキンのつくり方］①鶏もも肉に塩と好みのスパイス（コショウ、バジルなどが合う）をすり込み、3時間～一晩冷蔵庫に置く。

②大きめの鍋に湯をわかし、温度を70℃くらいに保って①を30分ゆでる。料理用の温度計を鍋に入れ、温度が上がりそうになったら火を止めるか水少々を加えて加減すること。

③煙をたいて、色づくまで燻製にする。

［ベーコンのつくり方］①豚バラ肉のスジをとり、余分な脂を取り除いて厚みを均一にする。

②塩（たっぷり）、砂糖（少々）、好みのスパイス（コショウ、オールスパイス、セージ、ナツメグなどが合う）をすり込んでビニール袋に入れ、1日1回天地を返して袋ごともみながら、冷蔵庫で1週間漬ける。

③大きめのボウルに②を入れ、流水につけるか途中で水をかえながら3～5時間塩抜きする。

④水気をきり、そのまま冷蔵庫に一晩置くか、市販の脱水シートに包み30分おいて軽く乾燥させる。

スモークしたアジやイカなど

ホタテガイに燻煙をかける

⑤煙をたいて、色づくまで燻製にする。食べるときは適当な大きさに切り、フライパンなどで炒める。

[魚の薫製のつくり方] ①魚（ニジマス、イワシ、サンマ、サバなど）は内臓、エラ、血合をとって流水でよく洗い、水気を拭く。

②塩漬け液をつくる。水1ℓに対して塩200g（塩分20％）と好みのスパイス（コショウ、ローリエ、タイムなど）を入れて煮立て、塩が溶けたら火を止めて冷まし、白ワイン（塩水1ℓに対して1／2カップぐらい）を加えておく。

③②に①を漬けて冷蔵庫で一晩おく。

④大きめのボウルに③を入れ、流水につけるか途中で水をかえながら3～5時間塩抜きする。

⑤水気を拭き、日陰に半日吊して陰干しにするか、市販の脱水シートに包んで冷蔵庫で一晩おく。表面がサラリとしたらOK。

⑥煙をたいて、色づくまで燻製にする。

第4章

薪&窯ライフの輪をもっと大きく

焼きたてピザ、パンが待ち遠しい

移動式の窯でイベントは大盛況
岩手県林業祭（岩手県矢巾町ほか）

●薪オーブンで焼くどんぐりパンが大好評

１９９８年、岩手県において「食文化交流プラザ」が開催された。通称「食パラダイス」と呼んでいたが、岩手県ならではの食材、食品、郷土料理などを紹介する全国規模のイベントである。そのイベントにおいて、私は「山の幸」すなわち「森林からの食の恵み」の企画の責任を担わされた。5日間で15万人もの入場を見込む大イベントで、農業や水産業と並んで林業も食べるものを出展しろという。困ったあげく、思いついたものは、薪のオーブンで焼く「どんぐりパン」と「キノコピザ」であった。

イタリア製のピザ窯キットで移動可能なオーブンをつくってもらい、フィンランド製のオーブンつきの石づくり薪ストーブも思い切って投入した。それらのもつ絶大なる熱容量、輻射熱で薪の威力を多くの方に体験してもらいたかったからである。

薪オーブンの料理は、大好評であった。どんぐりパンを製造販売している岩泉町産業開発公社さんからはパン職人さんを送り込んでくださり、またピザ窯や2t以上もある石づくりストーブは、盛岡市の薪ストーブ屋さんの野崎さんに、ほとんどボランタリーでご協力いただいた。結果的に20万人を超える入場者を迎え、大成功に終わった。

●窯があれば運営側も盛り上がる

この成功でいい気になった（？）私は、翌年県庁から現在の職場である県林業技術センターに異動になり、一般公開行事を担当することになった。多くの人が来てくださる「森の博士・おもしろ広場」というイベントがあるのだが、なぜか準備・運営している職員にいまひとつ元気がない。

「イベントは、運営している側が楽しくなければ、来てくださるお客様も楽しいはずがない」というのが私のイベント哲学なので、「食パラダイス」のノウハウを注入することとした。

予算がないので、石窯を自分でつくらなければな

薪の威力を発揮したオーブン

キノコピザにチャレンジ

らない。何かよいものはないか？　と敷地内を物色していると、素敵なものを見つけた。もう使わなくなって廃棄物状態の業務用の炊飯釜である。これは、上下二段のあおり扉のある箱型の炊飯釜で、中にガスコンロが組み込まれている。これをレンガで囲み即席薪オーブンを仕立ててみせた。下段で薪を焚き、上段で焼きイモやクリ、ピザを焼こう、と提案すると若手職員は一気に盛り上がり、目をキラキラさせて準備・運営に取り組んだ。結果はどうあれ、これでイベントは成功である。

●ドラム缶をレンガで囲んで出前薪オーブン

その1か月後に開催された矢巾《やはば》町の産業祭りや岩手県林業祭にも、この移動式石窯が「招致」された。この窯は本体であるステンレス製の箱とレンガに分けて軽トラックで運ぶことができるが、この箱が男2人ではちょっと大変なほど重い。そこで「出前薪オーブン」への対応が必要となった。

　再び敷地内を探索するうちに、炭焼き用のドラム缶窯を2つ見つけた。これなら軽いので1人でも運べる。しかも煙突までついている。レンガはたくさ

おき火状態になったらピザを入れる

できあがり待ちのピザ

ドラム缶窯をレンガで囲む

んあるので、ドラム缶窯を覆えば熱容量も出て、どこへでも簡単に移動可能で成功間違いなし、と踏んだ。

このドラム缶窯は、長男が小学校5年生のときの親子レクリエーションでデビューした。小学校の校庭に砂とコンクリートブロックでドラム缶を安定させ、レンガでデザインよく囲うだけで準備完了。あとは、ピザを焼く前にレンガが触れられないくらい熱くなるまで薪を焚き、親子80人前のピザを焼く。

小学校では下級生たちが、よだれを流して見ていたようである。その後、次女のクラスでもぜひひと言われ、ピザパーティーの出前は、その後も続いている。

レンガや石で囲むための鉄製の箱や枠があれば、ピザやパン、ローストラムなどオーブン料理はどこへでも出前ができる。その際、一緒にもっていくのを忘れてはならないのは、よく乾いた薪と皆を楽しませる石窯のように温かな心である。（深澤 光）

ログハウス加工の端材でピザ・パンを焼く

㈲ログキャビン（神奈川県横浜市）

●端材を薪窯で有効活用

㈲ログキャビンは、ログハウスを製作販売する会社のモデルハウスとしてスタートした。以後、昼はラテン系料理のレストラン、夜はお酒を出すバーレストランとして営業している。もともとログハウスのモデルということもあり、お客様にはログハウスの雰囲気を楽しんでいただく店づくりを心がけている。

あるとき、ログハウスの加工の際に出る多量の切り残し木材の有効利用や、不要雑木の利用法を中川重年さんに相談したところ、提案されたのが、それらを燃料とするピザとパン焼きだった。この中川さんの意見に、スタッフの賛同を得て即刻スタートとなった。

ログハウスといえば当然、木の文化であり、生活スタイルだ。一般の店ではできないことが、ここではできる。ヨーロッパをはじめ世界各国で、薪を使ってパンは焼かれており、当店外国人シェフの故郷モロッコでは、各家庭で毎朝パンをこね、近所のパン焼き専門業者にもっていくのが子供たちの日課だったそうだ。その業者は、壁一面薪窯なのだとか。ぜひ見てみたいものだ。

●パンとピザを同時に焼ける窯づくり

ログハウスの端材がないときのために、同業の工務店、造園土木業者にも声をかけ、間伐材や宅地造成の際に出る伐採樹、風倒木も集めている。時には街路樹のプラタナスやポプラも来る。これで薪の手当はできた。

次は、いよいよ窯づくり。少し無謀かもしれないが、どうせつくるのならばピザとパンが同時にできるようにと考えた。一般にはピザとパンは、焼く温度の違いや、直火と余熱利用との違いがあり、同一の窯では焼くことはない。しかしそこはパイオニア精神で、何段かの棚を熱が通過することで温度が下がり、４００℃以上で焼くピザと２００℃で焼くパンが同時に焼けるように炎道を長くつくった。さらに、業務であるから一度に100個以上のパンを焼くので、結果、高さ2・4m、幅1・6m、奥行き1・2mの、たたみ6畳分以上の大きい窯となった。また途中にダンパーを設け、別室に熱を取り入れ温燻ができるようにも設計した。

いままで、ログハウスの建築時にバーベキュー炉や暖炉の製作は多々経験があり、つくることには自信がある。設計が決まれば即、製作だ。

素材は中川氏の助言で大谷石を使用した。比較的安価で、中古でもOK。保温性がよく、定尺サイズに切ってあるので楽だ。左官職人の真似をしながら、モルタルで固定し積み上げていった。扉は2層の鉄製で、これは鍛冶屋さんにつくってもらった。煙突は空調用ダクト、ダンパーは寸胴鍋のふたを利用した。

若干難しいのは、燃焼室の大きさと排気のバランス。薪窯が室内設置のため、排気の逆流は避けなければならない。これは何度か試し焼きを行い、煙突の太さ、高さ、ダンパーの開閉角度等を決定していった。

本体の製作は、コンクリートの基礎から大谷石の積み上げに4日、棚に4日、扉、煙突、ダンパーの施工に1週間、約20日の工事となった。内部には鉄筋でピンを打ち、ステンレスアングルで棚をつくった。

●雑多な燃料でのパン焼きに試行錯誤

窯の施工はすぐにできたのだが、実はスタッフの誰一人、肝心のパンを焼いたことがなかった。当初は冷凍のパン生地を購入してみたが、やはり物づくりにこだわるスタッフたちには、ちょっと許せない。そこでそれから特訓となった。

もともとレストランでピザは出していたので、目的のパンに合わせて粉の配分、油の量等を加減し、まずはパンの形にするのが目標だ。ピザにはない、成形後の二次発酵のための発酵器も、200個くらい入るものを手づくりした。これはタルキでつくったビニール巻きの棚で、中には保温のヒーターと加湿器が入っており、3時間でできあがった。

配合、イーストの量、一次発酵、分割成形、二次発酵。少しずつ形になり、ついに本職に引けを取らないまで、成形ができるようになった。しかし実際

大谷石などを使用した大窯。一度に100個以上のパン焼きが可能

焼く段になって、とんでもないことが起こった。何度やっても温度を合わせられないのだ。発酵がちょうどよいと温度が高すぎたり、低すぎたり。あわてて調整していると今度は、オーバー発酵してしまう。目的が木の利用であるから、火持ちがよかったり、高温だったりと雑多な木を相手にタイミングを計らなければならない。窯も大きすぎ、またピザ焼きと両立するため、窯の密封、保温がうまくできない。歩留まりは50％。

こんなことを半年近く繰り返しているうちに、やっと出た答えが、すぐに窯が冷めないように、ある程度雑木で窯を熱しておき、パン焼きの直前、よく乾燥した針葉樹の木っ端で瞬間的に温度を上げ、その少しの時間で焼くということを繰り返す方法であった。これならどんな樹種、大きさの木も燃料にできる。歩留まり１００％までには、ついに1年が過ぎていた。

いまでは薪の癖を見ながら、パンとピザを焼き、お客様にはランチ時に好きなだけ食べていただいている。もちろんオーブン料理にも大活躍。パーティーでは、たたみ半畳のピザも焼く。業務用ガスオーブンで焼くパンは、スタッフはもう誰も食べない。

（吉野　勝）

都市公園内での石窯づくり

七沢森林公園雑木林ファン倶楽部（神奈川県厚木市）

●「食」を切り口とした里山林保全活動

七沢森林公園は神奈川県厚木市郊外、県の屋根といわれる丹沢山塊東山麓の七沢地区にある県立公園である。面積は約64ha。クヌギ、コナラ、杉を中心とした樹林地内に芝生広場、バーベキュー施設、アスレチック遊具などが点在している。歩いてひとまわりすると1時間はゆうにかかる。

この公園において1966年2月から、市民参加による公園内の里山林保全管理活動が行われている。この公園の管理運営業務を受託している㈶神奈川県公園協会が主催者となり、地域の里山保全市民グループの協力を得ながら一般から参加者を募り、活動が始められた。そして2003年4月1日、それまでに関わってきた市民の方々が運営スタッフや世話役となる形で市民グループとなった。名称は「七沢森林公園雑木林ファン倶楽部」という。

この活動の特徴は、小さな子供たちと学生を中心とする若者が多いということである。これは活動プログラムによるところが大きい。そのプログラムの切り口は「食」。里山林保全作業で発生する枝、葉、薪を燃料にして、さまざまな野外料理を参加者全員で手づくりし、それをみんなで食べるというものである。

いままでに登場したメニューは、バウムクーヘン、ピザ、パン、餃子、タンドリーチキン、スパイシーインドカレー、インドのパン（ナン）、パエリア、水煎包（中国の餃子風肉饅頭）、焼きリンゴ、焼きマシュマロ、ブッシュドノエル（クリスマスケーキ）など多様だ。

このようにさまざまな野外料理をつくることにより、年間約0・5tの薪を消費する。薪を消費することで、保全作業で発生したものの有効的な処理を行うとともに、林床を整理し光条件を少しよくすることによって、林内の植物数を増やす効果もある。

初めのうちはドラム缶を利用して野外料理を楽し

んでいたが、本格的な石窯を熱望する参加者が自然発生的に出てきた。この七沢地区で手づくり石窯を手がけている方のアドバイスも相まって、みんなでつくることになった。

●捨てられる運命の石をタダで調達

窯用の石の調達は容易であった。この公園のある厚木市七沢地区は、現在は産出されていないが以前は「七沢石」という石の産地であり、その名残で石屋さんがたくさんある。その石屋さんからいらなくなったものをタダでいただけるのだ。

「七沢石」は栃木県で採れる「大谷石」と同じだ。この石は、石の中では最も火に強いという性質をもっている。他の石だと火の熱によって割れてしまう。しかし現在この大谷石は、私たちに都合のよいことに人気がないようである。取り壊された石は、そのまま石屋さんの裏で産業廃棄物として捨てられる運命のまま、たくさん積まれているのだ。

●公の場に石窯をつくるための調整

いざ石窯をつくるといえども、自分の家の庭につくるわけではなく、公の場所である公園につくるの

枯れ木を集めたりして雑木林を手入れ

この日は大谷石窯づくりにチャレンジ

生地にトッピングをのせるのに大忙し

であり、すぐに「イエス」とはいかない。この七沢森林公園は法的な分類上、都市公園という位置づけになっており、各種法的な制限がある。それをクリアしていかなければ石窯はつくれない。

この公園の所有者は神奈川県庁となっている。そこで神奈川県公園協会が市民と行政の仲立ちを行い、うまく調整して石窯設置の許可をとりつけた。

その調整内容を簡単に記すと、公園樹林管理施設として石窯を位置づけて神奈川県庁が設置し、労力は市民のボランティアとするものであった。この石窯は1997年3月に完成したのだが、それには市民の熱意と、それをなんとか汲み取ってあげようという神奈川県庁及びその公園担当者、また神奈川県公園協会及びその担当者、それぞれの情熱が合体してできたものである。どれかひとつでも欠けていれば実現しなかっただろう。調査したわけではないので正確には言いきれないが、都市公園の中に樹林管理とセットに考えられた石窯が設置されたのは、これが全国で初めてではないかと思う。これより前の事例をご存知の方はぜひお知らせいただきたい。

●石窯の製作過程と失敗例

材料の石は前述のとおり「大谷石」を利用した。これらは主に民家やお墓の塀に使われていたもので、90×30㎝、厚みが15㎝という定型のものである。これらを、積み木を積み上げる要領で組み立てた簡単な構造のものだ。場合によっては、隙間に泥を水で練ったものを塗り固めている。

使用する道具は、石を削るためのハンマーのみである。石を意図する形に割るときは、その場所をハンマーで傷をつくっておき、それを上から他の石に落としてぶつけると見事に割ることができる。このようにして石を細工していくが、基本的にはそのままの形で組んでいけばよい。

石を組むときは、石と石の隙間がTの字になるように積んでいくといい。こうすることにより、石と石が互いに押さえ合い全体に安定する。

ひとつ失敗例を紹介しておく。石屋さんからいただいてきた大谷石の中に、何本か違う石が混じっていた。それは見た目は大谷石にそっくりであり、石の名前は「白河石」という。それを知らずに窯をつ

ついに窯焼きピザのできあがり

くり、完成し火を入れた。ちょうど火がいちばん当たる部分にその石があった。火を入れて窯がいい具合に熱され、お待ちかねのピザを入れようとした瞬間に石が爆《は》ぜ、窯口から爆発したかのような音とともに欠けた石の破片がすっ飛んできた。ほんの少し前に、ようやくきれいに積み上げたレンガの窯口が、一瞬のうちになくなってしまった。このタイプの窯に大谷石以外の石を利用することは避けたほうがよい。石の見分けは慣れれば素人でもわかるし、わからなければ石屋さんに聞けばよいのだ。

●薪と石の余熱の魔法でうまみがアップ

石窯は2～3時間前から火を入れて温めておかなければならない。扱いは大変だが、火をあやつる醍醐味を味わうことができる。一度やるとけっこうやみつきになる。

私たちの主なメニューはピザ、パン、タンドリーチキン。ピザは薪を燃やしながら高温（300℃前後）を保ち一気に焼き上げる。パンは燃えている薪を全部かき出し石の余熱で焼き上げる。タンドリーチキンはピザと同様に薪を燃やしながら焼き上げるが、火の加減を調節しなければならない。

どれも薪と石の余熱の魔法でうまみが増す。いちばん顕著なのがチキンだ。スーパーマーケットでどんなに安い鶏肉でも、見違えるような（味違えるような？）おいしさに変身する。

（横井昭一）

自家用石窯で贅沢なくつろぎの時

KASAIクラインガルテン（神奈川県厚木市）

●「ピザを焼きたい」願望を現実に

私の家の畑は、少し歩くと国定公園に入る七沢にあり、さわやかな山の空気で満たされている。週末はここで、妻はハーブと野菜づくり、私は日曜大工などをして過ごすことが多い。

辺りには年中ウグイスとキジが鳴き、畑周辺には野生の山ブドウ・キイチゴ・タラの芽などが生えている。菜っ葉荒らしのモンシロチョウなどのほか、私の好きなルリタテハ、ヒメアカタテハ、アオスジアゲハなどの蝶類まで来てくれる。落ち葉で堆肥をつくると自然にカブト虫がわいてくる。信州生まれの私はほっと一息入れ、周りの山々を眺めるのが、何にも勝る贅沢なくつろぎのひとときなのだ。

さて、私は家庭用品の輸入販売を本業としているが、1999年夏にペレットストーブというものに出合い、虜になってしまった。現在、イタリア・テルモロッシ社のペレットストーブの輸入販売を行っている。

今後はオーストリア・ビンダー社のペレットボイラー、チップボイラーも手がけようとしているところだ。地球温暖化防止という大義名分があり、身の回りのリサイクル・環境保全という点でもわかりやすいので、京都議定書が批准されてからは木質ペレットの認知度はかなり上がってきたようだ。

その当時、当社関係者で七沢玉川公民館にあるピザ窯をお借りして、ピザパーティーをやろうという企画を立てたことがあった。あいにくの台風でその企画は流れてしまったが、それ以来、私の中に「ピザを焼きたい」という願望がくすぶっていた。

2002年末、私の畑にピザ窯をつくりたいとの思いがつのり、実行することにした。こんなすがすがしい場所で友人たちとピザをつくりながら憩えたら素敵だと思ったのだ。自宅の植木の剪定ゴミのグリーンリサイクルが堆肥、燃料、灰という形で完結するのもうれしい。

ピザ生地を窯内に押し込む

●こだわりの丸みを帯びた石窯

まず畑の土をならし、10㎝の角材で1・9×2・5mの枠をつくって、その中に砕石（800kg）を敷き詰めた。七沢森林公園雑木林ファン倶楽部の横井昭一氏が調達してくださった大谷石の廃材を運び込み、いざピザ窯づくりの始まりだ。

まず大谷石で台を組み立て、その上に窯の壁となる石を丸く並べた。次に窯の中央部にピザを焼くベースとなるタイル6枚を水平に並べ、その周辺全面を均一になるように畑の土2＋セメント1＋水適量を混ぜてつくった「土コンクリート」で埋め、壁の石の隙間も同様に埋めた。その上に窯の天井となる長い大谷石をのせた。これで全体の骨組みが完成だ。

次に、窯全体を「土コンクリート」で覆い、厚さをもたせて、丸く仕上げた。丸く仕上げたのは私の要望である。周囲につくった木造の工作物（手づくりのアーチ兼ベンチ、展望台、小鳥のえさ台など）が丸みを帯びているので、この窯も丸くしたかった。現代の建築物のほとんどが直線と平面の組み合わせでできているが、この空間はその合理主義から解放

「焼け具合はOK」とピザを取り出す

したかったのだ。窯口は直径42㎝の大きな鋳造フライパンが入る幅にした。

この石窯では、ピザのほか、大きなフライパンを使ってこの中でなんでも焼いてしまうつもりだ。大勢が集まる野外パーティーであれば、ダッチオーブンを中に入れて、ターキーかグースを焼ければ抜群だ。この中で大きなパンも焼けそうだ。窯口で空気調節し、ひと工夫すればスモークもできると思う。

最後に、この窯を使うのに便利な道具や私の手づくりの道具を紹介しておこう。

・シリコングローブ「オルカ」：耐熱温度300℃なので、窯から取り出したピザパンを直接手でもてる。大きな熱い食材をつかんで裏返すこともできる。

・直径42㎝のステンレスロングハンドルつき鋳造フライパンとダッチオーブン

・穴あきアルミ製ピザパン：熱の通りがよい。

・手づくりのアルミ製ピザ挿入ピン（ピザピール）

・赤外線温度計：窯内部の各部分と食材の表面温度が簡単に計れる。

（河西広実）

もらった耐火レンガで多目的窯づくり

パペット&カフェガーデン（山梨県大泉村）

●窯パンのおいしさが窯づくりの動機

「どうしてこんなにおいしいんだろうか」。窯で焼かれたピザやパンを初めて口にしたとき、そんな感動を覚えた方は少なくないと思う。私もそのひとりであり、おいしさの感動が窯づくりのスタートとなった。そうなるとなんでも自分でつくってみたくなる性格で、すぐにホームページから「我が家の自慢の石窯」などといった記事を検索、関連の文献も図書館から借りてきて分析、研究。知識だけは小さな頭にタップリと詰め込んだ。

いま私たち家族は八ヶ岳南麓の森の中、古いペンションで暮らしている。そこでB&Bスタイルの宿泊業と森の中のカフェを営業中だ。ここではいろんな個性あふれる人々との出会いがある。特に八ヶ岳周辺は、良くも悪くも個性的な人々が集まってくる。そんな中、近所のたいへん気さくな陶芸家との出会いがあった。窯づくりの話などするうちに、大きめの耐火レンガ（1個6kg）とモルタルを譲っていただくことになった（お返しはこの窯で焼いた天然酵母パンと決めている）。

こんな思わぬ展開でメインの材料が先に入手できたわけだ。当初、知識を詰め込みすぎたせいで、どんな窯にするか方針が定まらない状態だったが、期せずして材料ありきのスタートとなり、レンガ1個の大きさから割り出したスケール、形状を基本に窯のデザインを決め、製作開始。

窯にはご存知のように、火床と窯床（焼き床）が一緒のよくピザ屋さんにあるようなタイプと、追い焚きできるよう別々の構造のものがあるが、私はその後者をつくることにした。ピザに限らず、パンやローストチキン、煮込み料理などなんでもつくれる窯にしたかったのと、そのためには追い焚きできたほうが温度管理に便利かな、と考えたわけだ。

●鼻歌気分でつくるも、好事魔多し！

土台は、製材所からもらった柱材などの古材を再利用して組んだ。もちろん、レンガ、モルタルなどは相当な重量になるので強度には気を使ったが、不粋なブロック組みなどと違い、グッとすっきりした仕上がりとなった。

土台の上に、簡単な型枠をつくり、耐火モルタルを流し込み火床を作成。ほどほどに固まったところで、両サイドと背面に、レンガを耐火モルタルを塗りながら積み上げた。その後トップのアーチを作成するため、手持ちの円筒形のゴミ箱を型にして、両サイドからレンガをアーチ型に組み上げていった。

B&Bスタイルの宿泊所とカフェを営業

思ったより簡単に組み上がり、鼻歌気分で自然乾燥させていたのだが、そうそういい事は続かない。両サイドが乾燥と同時にアーチ部分の重さに耐えかね、扇形に広がってしまった。「これはイカン！」と思う間もなく崩れ落ち、すべてやり直し。幸い土台は大丈夫だったが、また一つひとつレンガ積み作業からやり直し。今度は両サイドの補強も怠らず、慎重に仕上げた。

あらかた乾燥したら、あまり高温にならないよう薪を焚き、数回炉内を慣らしていった。「ただ焚くだけじゃもったいないな」と思って網を置き、餅を焼いてみると、これがまたすこぶる美味。これもやはり輻射熱の効果なのだろうか。

●窯を囲んで豊かなおいしい時間を共有

製作時期が12月だったこともあり、大晦日に仲間を呼び、年越しパーティーのメインイベントに火入れ式を行うことに。メニューはピザ。カミさんに生地から手づくりで仕込ませ、いろんなトッピングで用意。

手づくり窯を囲み、豊かな時間を共有

林に囲まれ、ゆったりとした時間が流れる

さてさて、ぶっつけ本番うまくいくか。１枚目は、下が焦げてるのに、表面は生焼け。「でも、おいしい」と言う周りの友人たちの気遣いと引きつった顔にもめげず、２枚目に挑戦。今度は、炉内のピザを置く高さを調節、すると見事な焼き上がり。「ホントにおいしい！」。

ホントに……という言い方にちょっとひっかかるモノを感じながらも、うれしいものだ。「もっともっと」と用意したピザはあっという間に食べられてしまった。

材料費はほとんどかけず、失敗を重ねての完成だったが、たかだか窯を囲むことで、こんなにも豊かなおいしい時間を共有できた。少々無骨な仕上がりだが、いまでは我が家の庭の貴重な空間となっている。興味のある方がいらっしゃったら、いつでも気軽にお越しいただきたい。紙面の都合上、披露できなかったお話などいたしましょう。ピザでもつつきながら。

（松永良平）

石窯をつくって自然体験・環境学習に利用

森の探検隊（福井県今立町）

●子供たちは火おこしが大好き

森の探検隊（学校5日制対応企画、2002年春からスタート）では、食事づくりの煮炊きの燃料は薪が基本だ。

耐火レンガを積み上げた即席かまどから、U字溝に網をのせただけのもの、ダッチオーブン、ピザ窯、餅つきのせいろの釜など、とにかく薪を燃やすことがまず最初の仕事である。春の杉葉拾い・枝集めと束づくり、初夏の草木染めのお湯わかし、夏は焼き畑、秋は落ち葉焚き、冬は暖炉、いろりの火おこしなど、年がら年中、体験学習の中で火はいつも燃えている。

「今日の火おこし担当は？」と言うと、子供たちはみんな「はーい」と手を上げる。けむたくて大変なのに、子供たちに人気があるのはなぜだろう。

●火の体験がない子供たち

農家育ちの私は、田植えなど農繁期のときは一足早く帰ってお風呂をわかしておくことが子供の役割だったことを原体験としてしっかり記憶している。最初に杉の葉やわらすべなど燃えやすいもの、細枝、そして薪へと燃やしていく手順は、誰からともなく教えられていた。火吹き竹は必需品だった。火を扱うことと、火は火傷や火事につながる怖いものであることも、毎日の生活体験の中で知っていたように思う。

いまの子供たちは、ライターやチャッカマンは知っているが、マッチを知らない。だから、まずマッチのつけ方から教えなければならない。学校では〝火遊び〟は禁じられている。子供たちにとって、毎日の生活の中であえて火をおこすことは必要ないのだ。スイッチひとつで、ガスコンロも、電気オーブンも火がつく。火力も簡単に調整できる。便利になった分だけ、火の直接の体験から現代人は遠ざけられてしまった。ひょっとしたら、いまの若い親たちも火の生活体験がないのかもしれない。

耐火レンガの簡単かまどでカレーづくり

●火の発見は人類の最初のエネルギー革命

人類が類人猿のひとつから独自の道を歩みはじめたのは何百万年前からだろう。その過程で火をどのように発見し、使いこなしてきたのだろう。火は暗闇を照らす灯となり、寒さから身を守る暖となり、焼いたり煮たりと食と栄養の幅を広げる調理の基礎となり、外敵からの防衛の砦となるなど、はかりしれない力を人類に与えた。

やがて火は富の蓄積をはかる文明の土台となり、その奪い合いの戦いの武器にも発達した。求める火力が大きくなるにしたがって、薪から石炭、石油、そして原子力へと移り変わり、火は熱や灯だけでなく、燃焼技術も高度になっていった。火は熱や灯だけでなく、動力や電力など多様なエネルギー源ともなった。人類の歴史はエネルギー革命を画期として飛躍し、その結果としての廃棄物・排ガス・廃熱は地球環境そのものを左右するまでに大きくなってしまった。

●森のエネルギーを自然体験・環境学習に

今立町八ッ杉森林学習センターは、１９９６年（平成８年）、標高４００～５００ｍの森林の中にオープンした自然体験・環境学習施設だ。四季の森林フィールドを舞台に、さまざまなプログラムを実施している。環境学習の中にエネルギー問題も大切なテーマとして位置づけ、森林資源の有効活用、脱化石資源の視点から、木質バイオマスエネルギー（森のエネルギー）の学習・普及事業を進めている。木炭自動車の復元、木質ペレットストーブの導入、森のエネルギーセミナーの連続開催などのほかに、あらゆるプログラムの中に薪や木炭を使った火と炎の体験を積極的に取り入れている。

２０００年秋には石窯プロジェクトをたちあげた。石窯づくりをとおして、窯の構造やノウハウを学ぼう、そしておいしいピザも焼こうというのがねらいだ。提案されたH氏はお手本となる石窯の設計図を長野県の知人から取り寄せてくれた。設置場所は、屋根があるところということで、バーベキューができるどんぐりハウスの一角。製作は福井県フォレストサポーターの会（福井県が養成、認定した森林ボランティア組織）のメンバーが担当した。材料は台座のブロック、砂利、セメント、窯用の耐火レンガ、耐火モルタル、窯床（焼き床）を支える鉄骨アングル。

製作は1週間おきぐらいに集まって約1か月、冬の積雪の時期にかかってしまったため、モルタルの完全乾燥に2か月ほどかかった。いちばん難しかったのは耐火レンガを切断する作業だ。窯の曲線をつくるために、コンパネでレンガをのせる丸い台座もつくった。

焼き台は図面どおりにつくったら、割れて落ちてしまった。図面はあくまでも参考で、細部には独自の工夫・考案が求められる。

石窯のおひろめは、２００1年厳寒の1月、「冬の森の生き物たちとの出会い」という企画での、お昼のピザ焼き体験だった。それまでのスタッフの試行もあって、雪の中での焼きたての熱々ピザはおいしいと大好評。評判が評判をよんで、いまでは当学習センターの人気メニューとなっている。

●石窯がつなぐ輪

２００2年には「石窯でパンを焼こう」というプログラムを初夏と秋に2回実施（秋は「石窯でお米

ついにお待ちかね窯焼きピザの完成

子供の成長過程に「火」は必須事項

パンを焼こう」）。見学された地元のI氏は、本職の陶器窯のノウハウを駆使して自宅敷地に本格パン焼きかまどを製作。パンの講師をお願いしたSさんも自宅に石窯をI氏に製作依頼と、おいしさをバトンにして、石窯づくりリレーが続いている。

今立町では2003年度、お米の消費拡大と安全な国産穀物の自給率向上のために、米粉によるパンづくりの研究を中心とした「とことんお米倶楽部」を近々発足させる。また、お米も田植えから収穫まで参加してと「田んぼのオーナー制」も導入。こちらへも申込者が殺到と反響が広がっている。

人間のエネルギーである食糧も、調理の燃料も、いつまでも（これ以上）外国に頼らず、日本の大地から。このコンセプトはますます多くの人たちに受け入れられていくものと思う。

●火を自分の手に取り戻す時代に

地球温暖化、脱化石資源、森林資源の有効活用など、政府省庁がお金をかけて宣伝する時代である。そのことをわかりやすく実感してもらうためにも、家庭に学校に、そして体験施設に、手近にある土や石、レンガなどの材料で窯をつくり、地元の田畑や山野にある食材でおいしいお料理をつくって楽しみたい。

燃料も、森の手入れのごほうびに間伐材を薪にしたり、小枝や杉葉を集めてストックしよう。火の周り、そしておいしいものの周りには人が集まり、語らいが始まる。

これまでは、拡大成長経済が求められ、使うエネルギーもより巨大なものを、というシナリオだった。学校でも「足し算」の論理で、よりたくさんの（実生活とかけ離れた）知識を覚えなければならなかった。これが子供たちや教師に耐えざる強迫観念となり、ストレスを起こしている。

これからは持続可能な経済、暮らしの時代だ。わかりやすくいえば、使いすぎているエネルギーや物質を、できるだけ省いていく時代、「引き算」の時代といえる。

学校で教える内容もよりコンパクトに関連性、総合性をもたせながら、生きていくうえで必要なことに絞り込んでいく必要がある。火の使い方は禁止事項どころか必須事項だ。火の扱い方、怖さがわかって初めて、〝火遊び〟の危険がわかるのではないだろうか。

●火おこしに熱中する理由

人間が他の動物と決定的に違うのは、火を使うことだ。子供たちの成長の過程で、人類がたどってきた学習のプロセスを、具体的にわかりやすく学ばせることが必要だ。

先祖代々から受け継いだ子供たちの遺伝子にはその共鳴盤がある。個々の直接体験によってそれが初めて認識となり、技術を獲得し、生きる力となるのではないだろうか。子供たちが火おこしに熱中する理由も、そこにあると思う。

窯の中で薪を燃やす。赤々とした炎に眼を輝かす。その成果としておいしいものを口に入れる。その驚きと笑顔。それは人類がたくましく生きぬいてきた野生であり、その積み重ねの上に獲得した高度な知性なのだ。

（田中秀幸）

伝統的な「かまど」で森との共生を体験
トヨタの森（愛知県豊田市）

●新たな環境教育の拠点「エコの森ハウス」

トヨタ自動車㈱は、事業活動における環境対応、さらには社会貢献活動の一環として、里山の保全や活用の研究・実践活動等を行うモデル林「トヨタの森」（愛知県豊田市）を１９９７年から整備し、一般にも公開している。トヨタの森では、生態系調査や成長量調査といった里山整備の効果モニタリングのほか、ＮＰＯと協働して「里山インタープリターズキャンプ」「森遊び倶楽部」といった体験型の人材育成・啓発プログラムなどを開催しており、これまでに、１万人以上を受け入れている。

２００３年の４月、環境意識の社会的高まりや学校教育への総合学習の導入などによる、体験型環境教育のニーズの高まりに対応し、このトヨタの森に環境教育の拠点施設として活用される「エコの森ハウス」が新たにオープンした。

この施設は木造で、ペレットストーブやクールチューブ、床蓄熱、小型太陽光＆風力発電、屋上緑化、雨水の中水利用、雨水地下浸透といったエコ技術が導入されており、建物自体が環境との共生を考えた施設となっている。また、エネルギー・資源利用やライフスタイルの変遷や、循環型資源として期待されるバイオマス資源利用などについて、実物や映像・パネル等で紹介する展示ゾーンが併設されている。

地域の伝統的なかまどを設置

薪を燃料とするかまどの可能性を追求

なかでも展示スペースC1は、かつてのふるさとの生活空間と、そこで行われていた伝統的な森と植物の利用方法を現在によみがえらせることを目的としており、炭・薪による調理・暖房・植物油の灯、木・竹・土の道具、植物による和紙・繊維などの活用を体験することができ、手づくりの楽しさを伝えることを目的としている。

●展示スペースに伝統的な「かまど」を設置

この展示スペースC1に、森の恵みを利用して調理する場として、この地域の伝統的な「かまど」をつくることになった。かまどの施工は、この地域の経験豊富で「足助屋敷」のかまどなどを製作している左官職人の藤井繁さんにお願いした。

このかまどは、レンガと耐火モルタルを消石灰で積み、泥壁土を塗ってつくられた2穴の土塗りかまどである。大きさは幅1・2m、奥行き0・7m、高さ0・8m。2穴は直径32㎝と30㎝だ。6m程度の内部二重煙突がついている。

藤井さんには、かまどの設計（スケッチ）時から、使いやすいように焚き口を少し高くアレンジしていただき、後ろの火や煙の流れなどを含めたアドバイザーとしてもお願いしている。藤井さんは60代後半の年齢になられるが、コテをもったときの精悍な顔つきは自信にあふれ、煙の周りなどの細工を丹念に仕上げていただいた。

●多彩なアクティビティに活用

今後は、このかまどを活用しての、多様なアクティビティが予定されている。

例えば、薪割りをして、火起こしをして薪や炭に火をつける、そのエネルギーを使ってパンやバウムクーヘンを焼くといったバイオマス資源の体感や、野草を窯で煎じてお茶を入れたり、山菜のテンプラや木の実のケーキをつくって食べるといった、森の恵み体験などが考えられている。

そして、かまどそのものも、これらのアクティビティに活用しながら改良をしていく予定だ。

（水野一男、森 由紀夫）

石窯料理を町の体験交流事業に

稲武やまあいクラブ（愛知県稲武町）

●窯床の下に燃焼室のある窯

稲武《いなぶ》町は山林面積が87％を占める山あいの町だ。1999年から、町では地域の自然や農林業を生かした体験交流事業を「稲武やまあいクラブ」の名称で進めている。2002年に取り組んだ事業のひとつが石窯づくりであった。

もともとイタリアンレストランで薪のピザ窯を見たことがあったので興味はあったのだが、石窯に関する本に出合ったことがきっかけだった。素人でも窯がつくれることがわかったので、やまあいクラブの事業として取り組むことにした。とはいえ、本だけではなかなか実感が湧かず、インターネットで調べたり、著者にもメールで問い合わせをした。休日には乗鞍高原まで石窯を見学にも行った。

最初に迷ったのは、使いやすい窯の高さにするた

耐火レンガで燃焼室（窯床）を組む

カマボコ形の型枠をつくり、のせる

レンガを積み、壁土を塗る

めに下部をどうつくるかであった。本に紹介されていたのは石や土嚢《どのう》袋を利用した構造だったが、ずいぶん手間に感じた。また、カナダの例として下部を木で組んだものがあり、稲武らしく木を使うことを考えたが、木と窯床との断熱方法について安価で有効な方法が考えつかなかった。本で紹介された窯の中に、窯床の下に下部燃焼室も設けたものの紹介があり、連続的な利用に有効であるとの説明から、最終的にこの方式の窯をつくることに決定した。

●製作の手順

体験交流事業の会場として利用しているハウスポニーという集会施設の敷地隅を建設地として以下の順序で進行した。

①地ならし（奥から手前に6％下がりの勾配）

②砕石基礎転圧、基礎コンクリート打設

③廃材となっていたコンクリート溝蓋を組み合わせ、表面に壁土を塗り燃焼室とする。

④燃焼室の上にグレーチングを掛け渡し、その上に耐火レンガを敷き、窯床とする。

⑤半径50㎝の半円カマボコ形の型枠をつくり、窯床の上にのせ、後壁を垂直にレンガで積み上げる。正面は出し入れ口をカマボコよりひと回り小さくとり、端部をレンガで垂直に積む。切りわらと壁土とを練り合わせ1か月以上ねかしておいたものを、半円筒形部分に10㎝の厚さで塗る。

⑥壁土乾燥後、燃焼室に火入れをし、カマボコ形の型枠を焼き落とす。

⑦断熱のため、壁土を砂で覆う（砂が逃げないようにレンガを利用したが、ここまで熱が伝わることはないので、木材などでも十分）。

⑧窯口と焚き口は、とりあえずブリキをスライドさせてふたとしている。

⑨なお下部燃焼室の熱は、奥壁と窯床との隙間を通り、上部の窯本体に至る。

●石窯利用講習会を開催

最初は、試しにピザを焼いてみたが、十分に窯の役目を果たしてくれた。ところが、次にパンを試してみると、パンの生地づくりが悪かったせいか、満足のいくものにはならなかった。

ぜひ専門家を招き、石窯の利用講習会を、と考え

この日はフォカッチャづくりに挑戦

た末、石窯の本の著者である須藤さんに2日間お出かけをいただき、地元の主婦を対象に実習を行った。さすがはプロ！　の腕前に、満足のゆくパンが焼け上がり、今後の期待がふくらんだ。

●地域食材で和風石窯料理を

石窯はつくる楽しみ、屋外での自然の中での楽しみなど、味わう楽しみだけではなく体験する楽しみを提供してくれるものだ。今後は、子供会活動をはじめとした体験活動などに幅広く使っていただくことを考えている。

ピザなどは、若い人には人気があるが、60歳代の方には、あまり好まれないようだ。そこで地域の食材を利用して、日本風の石窯料理を創作すること、また、里山の利用など、森林環境教育を含めた総合的なプログラムの一環としての利用も考えている。

（長江洋一）

窯とかまどで広がるプログラム

NPO法人 里山倶楽部（大阪府松原市）

●炭焼きで残った木を薪に

ＮＰＯ法人里山倶楽部は、大阪南部の南河内で薪炭林を育成し、炭焼きで活動費を得ながら里山の保全管理を行っている市民団体だ。パン窯とかまどをつくった直接の動機は、「耐火レンガ製の炭窯をつくろうとしていたとき、同じ耐火レンガ製のパン窯を見てしまった。ほんなら、ついでにつくってしまおう！」（かまどをつくった大亦氏談）という、ひょんな偶然であったが、実はこれが、炭焼きで残った端材を薪にして使いきるとともに、おいしいパンや料理を生み出す新たなプログラムの源となった。

炭焼き用の耐火レンガ製の窯のお手本は、和歌山県海草郡野上町のものであったが、大亦氏がその実物を見にいった際に、この山間地に薪で焼いた手づくりのパン屋ができてとても繁昌しており、パン窯も自分でつくったとの話を聞き、帰り道のついでに案内してもらったそうだ。さらにそのパン屋の店主の方が、たまたま大亦氏の里山倶楽部についての講演を聴いたことがあり、会の活動に賛同する意味で、快く設計図や製作中の記録写真までお借りすることができたのだった。

●パン窯の製作

このとき入手した設計図のパン窯は営業用で、大きさがたたみ1畳ほどもあったため、里山倶楽部用の窯は全体を縮小してつくることとした。ピザが2段、食パンが焼けるパレットが2枚入る大きさで、次のような手順で製作した。

①パン窯を設置する場所を、パンなどをつくるときに出し入れしやすい高さまで盛り土する。

②ブロックで壁を積みながら、山土を入れて突き固める。

③モルタルで天井を固め、耐火レンガを敷き詰めて火床とする。

④つくるものの高さに合わせて、両側に耐火レンガを耐火モルタルを使って積む。

かまどの製作中。右側はパン窯

⑤天井部分に向けて、耐火レンガを眼鏡橋の要領でアーチ状に積む（その際、木材とベニヤでアーチをつくり砂を詰めて変形しないようにした）。

⑥奥に煙道をつくり、煙突をのせる台をつくる（窯の温度が上がれば、煙突を取りはずしてふたができるようにした）。

⑦扉ははめ込み式。鉄製で、中に断熱材を入れレンガ並みの厚みをもたせた。

●かまどの製作

炭焼き窯、ついでパン窯ができると、炭焼きやパンづくりの作業中に窯の前で飲み食いしたくなるのが人情で、薪が豊富にあることから煮炊きに便利なかまど（大阪では「へっついさん」という）をつくることにした。

つくり方は、昔、かまどづくりの職人だったという里山倶楽部の参加者の親父さんに教えてもらった。材料は、パン窯の耐火レンガの残りと、炭窯を閉めるときのために用意していた山土を利用した。ただ、釜を置く鋳物製の輪が、この辺りの金物屋にはなく、屑鉄屋から探してきた（新品で売っているところもあるようだ)。

次のような手順でつくった。

①山土に、切りわらと水を加えてよく練り、粘土をつくる。

②耐火レンガを粘土で積み上げ、内側をドーム状に塗り固めて、焚き口が1つの四角いかまどをつくる。

③このかまどを2個くっつけたつくり方で、上をドーム状にしたものをつくる。

④煙道の上にもう1つ釜が置ける形をつくる(製作途中に見たテレビ番組にヒントを得た)。

⑤上から見ると三つ目状のかまどが完成。

ただし、今回の製作では一気に粘土を塗り上げたので、ひび割れがひどいのが難点であった。それを防ぐには、濡らしたさらしを全体に張りつけて仕上げの粘土を塗るとよいとか、粘土を少しずつ乾かしながら何度も塗り上げるのがコツだとか聞く。時間があれば、ひび割れをふさぎ、きれいな表面にする加工をしたいと考えている。また煙突は、たまたまあったものを使ったので煙の引きが弱く、もう少し大きめの煙突が必要なようだ。

●里山倶楽部流 パン窯の使い方

里山倶楽部のパン窯は簡単に言うと、熱しにくく冷めやすい窯である(これって窯としては致命的かも?)。窯全体(火床、天井面、側面)が高温を保てる厚みに達していないのかもしれない。特に天井面の熱は逃げやすいのか、パンの表面にいい感じの焦げ目がつきにくい。また薪を燃料に使うということは、何度焼いてもそのたびに違う出来だということで、毎回が初めて焼くような気持ちである。どんな風に焼けているかは、そのつど食べてみないとわからない! でもこれがまたおもしろいのだ。私たちはだいたい次のような使い方でパンを焼いている。

①火を入れて窯を温める。かなり強火でがんがん燃やし続ける。温度計がないので、天面を外から触って窯内温度を勝手に想像する。

②手を置いて、熱いと温かいの間ぐらいの温かさになったら焼きはじめてもいいころ。夏だと30分、冬なら1時間くらいはかかる。

③火を入れる前に窯内の両横に鉄板を置くために

焼き上がったパン。つくり手しだいで個性的なパンができる

レンガ1～2個を置いておく（窯内の両横のレンガの高さは、パンを焼くときに炭火から鉄板を離すためと、天井からの熱をしっかり取りたいため）。

④1回目を焼くときは、底に少しだけ炭火を均一に残し、あとの薪や炭火はいったん出してしまう（外から天面を触って熱いくらいのときは、炭火も残さず全部出してしまっても大丈夫）。取り出した火は、再度窯の温度を上げたり調整するのにすぐに使えるよう消さないでおく。

⑤鉄板にクッキングシートと生地をのせて焼きはじめる。一緒に入れる生地はできるだけ大きさ、厚みを揃えておく。鉄板は温めておく必要はない。

⑥ふたをしてから約15～20分くらいで焼き上がる。ふたにのぞき窓がないので、途中ふたを取って確認しながら焼く。

⑦生地を入れてそんなに時間がたたないうちに香ばしい香りがしてきたら、底が焦げはじめていると思っていいかも。急いで取り出してチェック。でも底が炭化しているパンの表面は、街のパン屋さんに置けそうなくらいに見た目はこんがりきつね色でい

い感じ。
⑧2回目以降は窯内温度が下がっていくので、炭を足したり火入れし直したりしながら焼く。温度が低いと生地も平たくするほうが焼きやすい。

《こんなの焼きました》

（ミルク・卵入りのやわらかい生地、ミルク・卵の入らないかたい生地のどちらでもいける）

塩パン

ピザ生地を平たくしてオリーブオイルを塗り、岩塩、ローズマリーを全体に散らし、埋め込んでいく感じで押さえておく。お食事っぽいパン。

具入りパン

イチゴジャム、クワジャム、チョコレート、チーズなどは中に入れて。ベーコンは包み込んでから生地に切れ目を数か所入れる。ウィンナーは生地でくるくる巻いて。クリ、クルミ、松の実などは小さく砕いて生地に混ぜ込む。甘さを出すには、チョコクッキーかビスケットを砕いて混ぜる（混ぜにくかったら生クリームか牛乳を少し足すと混ぜやすい）。

パイ生地のお菓子

市販パイ生地を1㎝幅（長さは適当）に切って、塩をかけて焼けばおつまみ風お菓子。

（焼けるのを待つ間に）きなこパン

窯で焼いている間に焼かないパンもつくれる。一次発酵した生地を少し低めの油で揚げる。色づいてきたら取り出し、すぐにきなこを全体にまぶす。

●へっついさんの使い方

使う前までは「誰かに教えてもらわな～」と思っていたし、初めてごはん炊くときもドキドキ。でも使ってみれば、なんら難しいことはないし、とても便利。焚き火より断然使いやすい。かまどが日本全国にできたらいいのになあと、本当にそう思う。
焚きつける燃料は、少しの新聞とそこらで拾ってきた小枝、使った後の割り箸、薪か太めの枝だけ。化学燃料も着火剤も必要ないし、安全無駄なし。熱カロリーが高すぎて嫌われものらしい竹も、とっても重宝する。牛乳パックもあれば便利。マッチ数本と、うちわ1本で、火をつけて燃やし続けられる。火吹き竹を使うのが普通かもしれないが、なくても、空気が通るように枝や薪を組み、うちわであおげば

思わず熱中してしまうかまどの焚きつけ

大丈夫。

《こんな風に使ってます》

ごはん

電気機器や飯盒《はんごう》と違って、ふたをあければ途中確認ができるし、水も火も調節できる。〝赤子が泣いてもふた取るな〟と言うが、いい匂いがしてきたら、あるいはふいてきたら少しふたを取って中を確認している。機械とは違うのだから、ルールに反してても？　炊き上がりがおいしかったら良しとしている。ちなみに里山倶楽部のかまどのふたは反っているので、蒸気は出放題、確認しないと怖くて炊けない……。

だから、難しく考える必要はなし。お焦げもおいしい。ただ水が多すぎると、水がなくなるまで炊き続けると外側はかたく焦げるし、中のほうはべちょべちょになる。途中で水だけ抜くことだけはできないので注意。

玄米ごはん

炊き方は、白米より水を多めに（玄米の量に対して1・5倍ぐらい、それで芯があるようなら水を足してさらに炊けばよいだけ)、塩を少し入れて炊くと甘みが感じられておいしい。時間はだいたい1時間(外気温にもよるかも。かたさを確かめながら調節)、火は、ふくまでは強火で、あとは弱火で。

一度、玄米・白米・赤米をブレンドして炊いたら、かための玄米に対し、他の2つが餅状になってしまった。それはそれでおいしかったが……。

たっぷりの汁物

釜を鍋の代わりとして使っている。汁物などはたっぷりできるし、焚き火でつくるより早い。

ダッチオーブン

ちょうど12インチのものがすっぽりはまったので、ダッチオーブン用としても使える。

炭の火おこし

かまどの中に火をおこして炭を放り込めば、簡単に火がつく。風が吹こうが雨が降ろうが、かまどはそれらをブロックするから大丈夫。

●窯を使ったプログラムいろいろ

里山倶楽部では、炭焼きや山仕事のごはんづくり、野外での交流会などで、かなり頻繁にかまどやパン窯を使って重宝しているが、そのほかにもいろいろなクッキングプログラムを行っている。その一部を紹介しよう。

森のキッチン

パンづくりはもちろん、ピザやパエリアなど窯を使って楽しく創作料理。料理道具の手づくりにもチャレンジして、窯を囲んで楽しいひとときを過ごす。

菜《さい》・遊《ゆう》・季《き》

四季折々の摘み菜が、変わりごはんやおいしい汁物など多彩な料理に変身。また伝統野菜を使った昔ながらの料理は「へっついさん」ならではの味わい。

ちゃこ市ちゃこ座

里山倶楽部の山仕事に参加すると、炭と交換できる地域通貨「ちゃこマネー」がもらえる。ちゃこ市ちゃこ座は「ちゃこマネー」を使えるフリーマーケット。かまどで炊いた玄米ごはんや熱々の具だくさんスープもちゃこマネーで食べることができる。

楽しい窯焼きプログラムに興味をもたれた方は、どうぞ一度遊びに来てください。

(寺川裕子、大亦義朗、山本香代子、鮎川日出香)

ドラム缶のピザ窯は人づくりのツール

こうべ森の小学校（兵庫県神戸市）

●縦・横・開閉式横型の３種類

神戸のドラム缶製のピザ窯は、１９９７年に森遊びの中に登場した。ほぼ同時期に縦型、横型（開閉式）と製作された。このタイプのピザ窯は可搬性があるため、近畿内に留まらず、広い地域でイベントに使用された。基本的な考え方は、本書の編者である中川重年氏の指導によるものである。

神戸のドラム缶窯は大きく3タイプに分かれる。縦型、横型、開閉式横型の3タイプである。基本構造は下部で火を焚き、ドラム缶に熱をこもらせてオーブンとして利用するものである。

縦型の最大のメリットは自立することとだ。イメージは筒型郵便ポスト。上部にピザをのせる台があり、下部に焚き口がある。焚き口を大きく設けることができるため、森を掃除して出てくる火持ちしない朽ち木なども、連続投入することで、ある程度の火力を得ることができる。そのことによって、森に放置されている枯れ枝が資源として生まれ変わる。またディスクサンダーがあればおおよその製作ができるのも、縦型の強みである。

横型のメリットは、見てのとおり（21頁参照）縦型の倍近くのピザを焼くことができることだ。ただし、ドラム缶は丸いために、回転を防止する必要がある。神戸の場合は運搬を前提としているので、軽量化と耐久性を考慮して、角パイプを溶接した。横型は火をくべる空間に上下に余裕がないため、ドラム缶内で火を起こしにくい。大きな火もつくりにくい。実際イベントなどでは、コナラやクヌギといった火持ちのする木を入れるか、別の場所でおき火をつくり、安定してから放り込むことが多い。

開閉式横型のメリットは、ピザに限らず用途が広いことである。最大の欠点は、開くと熱が逃げることだ。では役に立つのか、という疑問もあるが、耐火レンガなどを挟んでおけば、横型同様に使用できる。ピザをのせるための鉄板をはずせば、バウムクーヘンを焼く火床になり、最も汎用性がある。

製作のポイントは、ある程度使用する燃料の種類を想定することである。火床とピザをのせる鉄板の距離は、おき火では近く、火力の強い木を燃料にする場合は離す。耐火レンガを鉄板の上に置くなどしてある程度の調整ができるものの、ピザの入れ口を大きくしてレンガとピザ皿の両方がのるように工夫する必要がある。

口を大きくすると放熱も大きくなりロスが多い。ある程度燃料を想定することで、効率のよいピザ窯をつくることができる。

どれがおすすめかというと、難しい。焼き手に人数、使用燃料によって変わるからである。溶接技術があり、保管スペースがあれば横型は可能である。状況によって選んでいただきたい。

●窯は人づくりのツール

神戸の場合、ドラム缶のピザ窯は、料理をするための道具としての機能は当然ながら、人づくりのツールとしての役割が大きかった。

「こうべ森の小学校」の活動は、神戸市の「市民参加の森づくり事業」の中で行われているが、これまで森に関わる機会が少なかった人に森に関わるきっかけをつくり、森を好きになってもらうことを目的としており、この第1回目の行事からピザづくりを導入した。またバウムクーヘン・アルプホルン・ピザ普及連盟との共催で行った「森でピザを焼こう」という行事では、神戸の行事に奈良・京都などからの応募があり、誘致圏が広いことがわかる。

薪を集めることが森の清掃につながる。神戸はピザなどの料理をツールとして重要視した結果、森づくり団体としては珍しく女性の参加者が多い団体となった。ピザなどの洋物が若い母親に受けがよかったためであろう。団体のメンバー構成を考えるときの参考にしていただければと思う。

薪を燃やして料理などをした参加者が体験学習をした結果、「こうべ森の小学校」のリピーターになりスタッフになり、「2001年全国雑木林会議神戸大会」を支えた。バウムクーヘン・アルプホルン・ピザ普及連盟の活動にも、重要な役割を果たした。その積み重ねが「全国雑木林会議」を神戸に誘

縦置き型のドラム缶窯

トマト中心のピザ

ドラム缶窯は手軽につくることができ、可搬性が高い

致することにつながった。
神戸における森づくりの原点のひとつは、ドラム缶でつくったピザ窯にあった。そのことにいま、気がついた。
（秦　誠）

子供たちとピザ窯づくりに挑戦

共生庵（広島県三和町）

●人間性を取り戻すプログラム

私たち夫婦は1999年秋、広島県の中山間地域に農家、山林、竹林、田畑（借地）を取得し、広島市内から現在地に定住した。

「これ以上先送りできない」と、55歳にして都市の教会の牧師と幼稚園園長を辞職し新しいステップを踏み出したのは、2つの理由からであった。1つには、自らの手で安全な有機農産物を得る農的生活がしたいということ。もう1つは、その場をいろいろな意味で思い悩む人と共有し、農と自然に触れ、そこから学びつつ人間性を取り戻すためのプログラム（地球市民共育塾）を提供したいという願いからだ。そして「共生庵」を開設するに至った。

与えられた拠点は、南に小川と田畑、北には我が家に隣接して里山が、西には竹林が広がるという、典型的な里山の美しい原風景を見るような条件が整っている。ここには里山が提供してくれるさまざまな自然の恵みに満ち、自然との共生のライフスタイルがあれこれ工夫し展開できるところである。

●本格的な石窯の拠点

裏山には、マツ枯れの木が林立しているし、竹林は何年も伐採されず荒廃している。それらの里山を少し整備するだけでも、薪燃料として風呂をはじめ、ピザ窯、炭焼き、薪ストーブなどに森林資源の有効利用ができる。

広島で森林ボランティア活動のお世話をしている関係で、神奈川県の中川重年さんと知り合い、いろいろ指導を受けてきた。定住後すぐに採り入れたのが暖炉である。イタリア製の薪ストーブを一緒に取り寄せてもらい、冬場は大いに活躍している。中川さんから教えていただいて、ピザ窯への興味と関心も早くからもっていた。ドラム缶窯でのピザ焼きはすぐに始めたのだが、拠点を得てからは、どうしても本格的な石窯が欲しくなった。そこで新生活に少し落ち着いた2000年の夏、日本財団の助成を受けて不登校などの子供や会員家族（延べ二十数人）と共に「里山体験セミナー」を開催。中川重年さんを講師に迎えて2泊3日のピザ窯づくりに挑戦した。

●つくり方のポイント

場所の決定

納屋と駐車場の空き地の間に、屋外農具・薪置き場があった。そこを整理して、煙が出ても火の用心にも大丈夫な空間ができるように改良し、ピザ窯の据えつけ場所とした。ここにはちょうど屋根がついていたので、窯本体だけでなく、ピザ生地をこねたり、窯からの出し入れする場所も確保できるように広く下地を整備した。このおかげで、雨が降っても窯はもちろんのこと、ピザ焼きを楽しむ人たちも濡れずにすみ、プログラムの変更をしなくても快適に進められるという利点がついた。これからピザ窯をつくられる人たちには、同じつくるなら、作業場にも屋根をつくることをおすすめする。

土台づくり

楽な姿勢でできるように、縦横1・5m、高さ85cmの土台をつくった。近くにある大きなゴロ石を景

川や田畑、里山に囲まれた共生庵

耐火レンガとモルタルで周壁を築く

ついにドーム型の窯が完成

観よく組み合わせて外側に積み上げ、その内側には土砂や瓦礫を詰め込んだ。石の隙間には、近くの粘土質の山土をふるいにかけて細かくしたうえで、水で練って埋め込んでいった。土台の上はしっかりセメントを打ち、その上に窯内部の底にあたる部分（直径０・６ｍ）に耐熱性のタイルを貼った。

ゆったり取り組む窯焼きピザはスローフード

ドーム型窯

十分に水をしみ込ませた耐火レンガを、底面内径80㎝の円形から始めて、少しずつすぼめてドーム型に積み上げ、セメントで接着した。高さ40㎝のところで上部を丸い鉄板でふたをして、その上に土を積み込み、外形は土台上部から60㎝の高さに丸く成形。耐火レンガの外にはできるだけ厚く山土とセメントを混ぜたモルタルを塗りつけ、形よくドーム型にまとめていった。鉄板は高熱で反るため外側にひび割れが生じたので、後に大谷石に取り換えて安定した。入り口は大きすぎないように幅45㎝、高さ20㎝の半円形。完成後は2週間くらい自然乾燥させ、少しずつ熱を加えていった。

窯の活用

ファストフードをスローに食べようというのが共生庵のモットー。ピザを焼くだけでなく、余熱でハーブやお茶を乾燥させたり、生地の残りでパンを焼いたり、焼きイモをつくったり。みんなで作業を分担しながら、ゆったり食べて楽しむことをなによりとしている。

（荒川純太郎）

簡単、便利。どこでも半割りドラム缶窯

きっこりーず（山口県防府市）

●移動式の窯は便利

雑木林には薪がたくさんある。それもそのはず、雑木林はもともと、薪炭林として利用されていたのだ。ところが、最近は薪などの利用がなくなり、伸び放題で荒れている雑木林が増えている。

そこで、きっこりーずでは荒れた雑木林の管理を行い、出てきた枝条《しじょう》を薪に使い、料理を楽しんでいる。しかし、雑木林の中で焚き火をすると山火事の危険がある。特に落ち葉の多い時期は、風の通りもよいために要注意だ。

そこで、山火事の解決策として、料理用の窯をつくることにしたが、土や石で窯をつくるのは大変だし、窯まで薪を運ぶのもめんどくさい。何かないかと、考えついたのが半割りドラム缶窯だ。不要になったドラム缶をもらってくれれば、材料費はタダですむ。また、軽いので簡単に持ち運びができ、薪があるところに窯を移動させられる。

●半割りドラム缶窯のつくり方

まず、ふたつきのドラム缶を用意する。これをディスクサンダーなどの機械を使って縦長の半分に切る。これで、できあがり。ドラム缶のふた側が、窯の口になる。ふたつきでないドラム缶の場合は、半円の一方を、適当な大きさに切り取る。

雑木林では、半割りドラム缶窯を直接林床に置かずに、耐熱レンガを敷いた上に設置する。このほうが料理の出し入れや、熱のこもりに有利と考えたからである。見た目もよくなる。

●2種類の使用方法と料理

半割りドラム缶窯には、使い方が2種類ある。1つが伏せて窯として使う、もう1つが逆さにして焚き火台として使う方法だ。

この半割りドラム缶窯、伏せたときだけでなく、焚き火台として使用する場合も、普通に地面で焚き火をする場合に比べ、火の粉が飛びにくいという利点がある。さらに、林内での焚き火の処理は、従来

は穴を掘って埋めたりしていたが、窯を伏せておけば、延焼の危険は少なくなる。

窯として使えば、山菜ピザ、皮ごとタケノコ焼き、チキンの包み焼き、パン等が焼ける。

ドラム缶ピザ

まず、ピザ生地をこねる。次に、ピザ生地をピザ皿やアルミホイルの上でのばし、トマトソースをかけ、持ち寄った材料でトッピングする。トッピング材料には、ウドやサンショウなどの季節の山菜も使う。山菜といえば和食のイメージだが、チーズやトマトソースにもよく合う。ちょっとそのあたりに生えているサンショウをつまんでトッピングできるのも、雑木林内に窯を設置する魅力のひとつだ。

●焚き火台の雑木林料理

次に、半割りドラム缶窯をひっくり返しての、焚き火台としての料理だ。ドラム缶の縁に網や鉄板をかければ、バーベキューや鉄板料理が楽しめる。また、近くに竹林があるときは、竹を鍋に見立ててのバンブー料理がおすすめ。

竹の鍋は半割りタイプと、ふたタイプがある。半割りタイプは竹をナタなどで縦半分に割るだけ。また、ふたタイプはまず竹を横にして、高さ3分の1程度までノコギリで切り込みを2本同じ長さに入れる。そして、それぞれの切れ込みの端にナタやノミなどを当てて叩けば、ふたが取れる。

竹の鍋を窯に引っかけるときは、竹の丸みで転がらないように、竹の端に切り込みを入れて、窯に引っかける。ではバンブー料理をいくつか紹介しよう。

竹ごはん

水のふきこぼれがあるので、ふたタイプがよい。米に対し水を1・5倍入れる。タケノコの時期にはタケノコと塩を加えたタケノコ竹ごはんがおすすめ。

バンブーチキン

鶏肉、ニンニク、セロリ、その他お好みの野菜、塩、コショウをふたタイプに入れ、火にかける。

バナナパンケーキ

半割りタイプの竹の内側にバターを塗り、ホットケーキの生地に刻んだバナナを入れて、火にくべる。竹が焦げはじめたら、ひっくり返して焼く。

（山田隆信）

熱々の窯焼きピザがお目見え

縦置き、二段構造のドラム缶窯

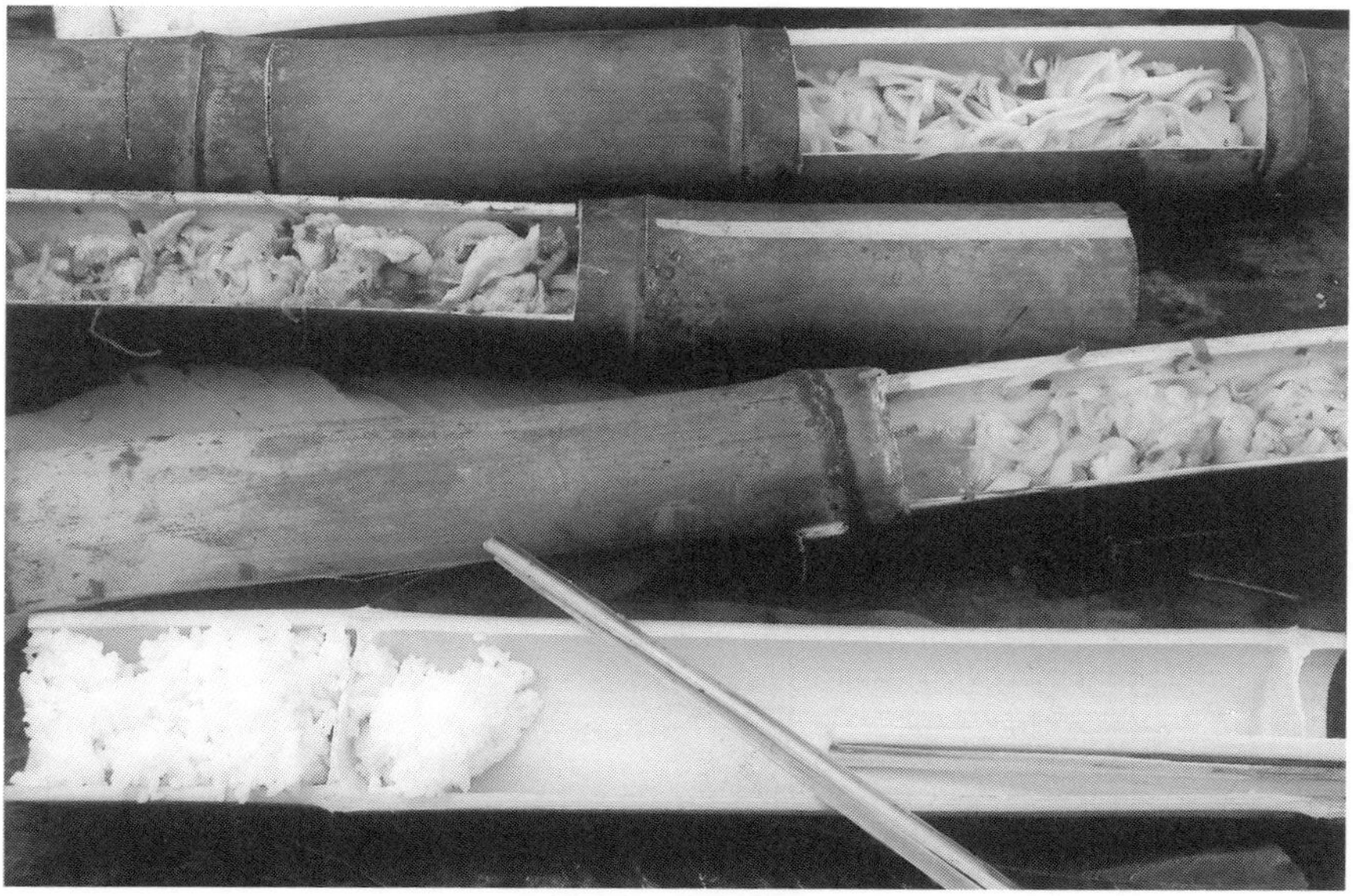

竹鍋でつくったバンブーチキンと竹食器に移したごはん

庭で大活躍の手づくりレンガ窯

環太平洋浄化３００年計画（熊本県新和町）

●石窯でパンは変わる

「なんておいしいパンだろう」——これが石釜焼きのパンに初めて出合ったときの感想だった。

天然酵母のパン屋さんでアルバイトをして、パンのおいしさを再認識していたのだが、焼き上がりの香ばしさや匂い、中身のふっくら感など、それまでと違うおいしさを知った。天然酵母のパン屋さんが、「石窯で焼いたらもっとおいしいよ」と言っていたのを思い出した。私の妻が、パンやお菓子づくりを趣味としていたので、即「石釜をつくろう！」と決めた。私は仕事で炭焼きもするので、窯づくりに大いなる興味を抱いたのだ。

●炭焼き職人としての石窯づくり

私の住んでいるところは団地なので、近所迷惑にならぬよう煙を出さない「木炭」を燃料にしようと決めた。そして、食パンやお菓子をいくつもつくれるよう、電気オーブンレンジの約2倍の広さをとれるように考えた。

さて、炭焼き窯なら石と粘土と水さえあればできるのだが、ドーム状であり広いスペースを必要とするので、石窯は四角い箱型にした。これなら予定する窯の中の空間より少し大きめの広さがあれば十分だ。「電気オーブンレンジの約2倍の広さ」を考えていた私の場合、そのオーブンレンジ2個分の場所を確保すればよいということだ。また、窯の天井をどうするかで、手間が相当変わる。アーチを描かせようとするなら型枠が必要となり、かなり面倒になる。鉄の棒（鉄筋）を支えにした水平天井で簡単に仕上げることにした。

オーブンレンジ2個分のスペースとして、窯床（焼き床）は長さ56㎝、幅32㎝の鉄板が楽に入るようにレンガ12個の広さをとり、空間の高さはレンガ4段分とした。「窯床（焼き床）の空間」と窯の保温のための「おき火空間」の2層式にすると、レンガが１１０個ほど必要だった。

煙突はなし。四角い箱型石窯の手前一面をあけ、炭や食材を出し入れする扉とした。

●リサイクルできる窯の材料

材料は、耐火レンガ、鉄筋、ステンレス金網と粘土でつくった。そのほかに窯の扉用の鉄板、窯を雨から守るための屋根小屋として土台のブロック、柱の木、そして屋根のトタン、釘が必要だ。

団地に住む者として引っ越す場合を考慮し、「取り壊せて・リサイクルできる」窯であること、炭焼き人としてセメントを使わず粘土で接着させること、これが私の窯の特徴だろう。セメントで固められたレンガは壊すときにバラバラになりやすいが、粘土で接着したレンガは何の損傷もなく、再使用が可能なのだ。

材料はすべて購入できるが、数万円はかかる。あくまで趣味だから、安く仕上げたいものだ。なかでも耐火レンガは高価で、石窯製作費用の大半を占めるので、もらえるあてがあればラッキーだ。ただし、焼却炉で使用していたものはやめておこう。有害物質を含んでいる可能性がある。私の場合、陶芸家の

父にも手伝ってもらい、レンガを積む

下がおき火空間、中央が食材置き場

窯の扉には鉄板を使用する

窯で使用していたレンガを数十個いただいた。粘土は山が近ければ取りに行こう。園芸用の肥料袋に2袋から3袋あれば十分。この程度なら山の斜面をほんのひと削りすれば間に合うし、山主さんもこれくらいでどうこう言わないはずだ。簡単な作業だが、普段山に行かない人にとって粘土を探すのがひと苦労になるかもしれない。粘土は赤い色よりも、やや黄色味がかったものが、あまり収縮せず窯用に向いている。屋根柱の木は、山の伐採現場から枝をもってきて使った。

窯の製作にかかった材料費は、耐火レンガ（96個）—1万9356円、ブロック（10個）—1050円、ステンレス網（2枚）—3960円、鉄筋（直径13㎜を15ｍほど、切断料金込み）—約2500円、鉄板—1350円。合計約3万円ほどかかった。

●必要なのは道具よりやる気

道具は、土地を整地するためのスコップと粘土をこねる器（私は大きな植木鉢の下に置くプラスチックの容器を使用）、それにディスクグラインダーがあれば鉄筋を切断できるが、なくても購入先の金物屋で切ってくれる。あとは手作業になるので友人、知人、親、親戚……手数が多いほど楽に早く仕上がる。小さな窯だが、土地の整地から始めると数日を要する。材料が揃い、やる気が起きたときがスタートだ。

土地は1ｍ四方あれば十分で、団地の狭き庭のアクセント、いや自然派志向のシンボルになる。

まず、窯のスペースをスコップで平らにならす。そして、窯小屋用のブロックと窯本体のレンガを並べる。レンガはコの字形に並べ、隙間には水でこねた粘土を詰める。粘土には小石が混ざっていてもかまわない。水と混ぜて手で団子にできるくらいのかたさがベスト。窯床（焼き床）と天井のところには鉄筋を挟み、ステンレスの金網を敷いてレンガを並べる。一応形が完成したら中で火を焚き、ゆっくり乾燥させる。煙がひどくもれるところがあれば、粘土を詰めよう。天井はかなり熱くなるので、雨除けの屋根は窯の天井から30㎝は離す。

●驚きのシュークリーム

窯の中に手を入れ、熱くてすぐ引っ込めたくなれば、焼きごろの温度。炭を焚きブロワーで吹いてや

初窯のパンは大成功。もちろん、とびっきりの味わい

って約2時間かかる。

パンやお菓子づくりを楽しんでいるが、いまいちばん力を入れているのが「シュークリーム」だ。初めて焼いたときは、電気オーブンで焼いたものの2倍くらい大きくふくらんだので、とても感激した。「あの感動をもう一度」と、それから続いているしだいだ。

（藤本浩二）

ふっくらふくらむシュークリーム

◆インフォメーション

市販石窯キットいろいろ

●早く料理を楽しみたい人は

窯の用途や設置条件を考えながら素材を選んだり、試行錯誤しながら自分なりの工夫をしてつくり上げていくことこそが、手づくり窯の醍醐味だ。とはいえ、「工作は苦手」「とにかく早く石窯料理を楽しみたい」という人だっているだろう。

そういう人向けに、手軽に石窯がつくれるキットが市販されている。その一部を紹介しておこう。

●耐火レンガのお手軽キット

アウベルクラフト㈱は、「難しいことは抜きにして、身近な手づくり、身近なアウトドアを楽しむ」ことをテーマに、豆腐づくりキットやチーズキット、囲炉裏キットまで、さまざまな手づくりキットを販売している。そのラインナップのひとつに、「石窯キット（本体価格4万5000円）」がある。

床、壁、天井用に形の違う耐火レンガだけでなく、耐火モルタル、型枠用段ボール、製作参考ビデオ、料理レシピから革手袋までセットされており、至れり尽くせり。工作に自信のない人にも安心だ。据えつけ台、前面カバーといったオプションも豊富。

また、容易に移動できる「ミニ石窯キット（本体価格2万8000円）」も用意されている。

［問い合わせ先］

アウベルクラフト株式会社
愛知県岡崎市栄町4−87
TEL：0564−24−1212
FAX：0564−24−1216
http://www.auvelcraft.co.jp/index.html

●本格的な二段窯でガーデンキッチンも

「遊びごころいっぱいの、石窯づくりから空間デザイン」を提案している㈱フリーハンドでも、オリジナルの石窯キットを販売している。

ベーシックなタイプの「セラミッククレンガ窯（本体価格4万8000円）」、その発展型である「セラミックレンガ二段窯（本体価格7万8000円）」

は値段が手ごろ。「大谷石二段窯（本体価格24万円）」は、大谷石がただ積み上げるだけで完成するように加工されており、完成後すぐに石窯料理が楽しめる。

またフリーハンドでは、石窯の取りつけ工事や、その石窯を中心としたキッチンガーデンの施工も行っている。

［問い合わせ先］
株式会社フリーハンド
東京都杉並区和泉3−46−9
TEL：03−3321−1690
FAX：03−3325−6664
http://webclub.kcom.ne.jp/ma/freehand/

●パン屋さんが開発した石窯セット

石窯パンの店ダーシェンカでは、家庭でも気軽に石窯パンが焼けるようにと、コンパクトな「家庭用石窯セット（本体価格26万８０００円）」を開発、販売している。

加工済みの大谷石なので、簡単に組み立てることが可能だ。また、細かい凸凹処理によって遠赤外線効果が高められ、短時間でムラなくパンが焼けるようになっているのは、パン屋さんによる開発ならでは。ダーシェンカでは、石窯パン講習会も開催されている。

［問い合わせ先］
石窯パンの店ダーシェンカ
愛知県額田郡幸田町大字菱池字桜塚１７４
TEL：０５６４−６３−３２７３
http://www.mis.ne.jp/~dasenka/

●そのままで本格派石窯

薪ストーブや暖炉、プロユースのピザ窯を輸入販売している長野総商㈱では、家庭用のピザ窯「バロン（本体価格36万円）」も取り扱っている。特殊なセラミック製で、質のよい遠赤外線を発する。

［問い合わせ先］
長野総商株式会社
長野県北佐久郡御代田町馬瀬口１６２５−83
TEL：０２６７−３２−２３５３
FAX：０２６７−３２−２６９０
http://www2.neweb.ne.jp/wd/naganosohs/

長江洋一(ながえ よういち)

1958年、愛知県生まれ。愛知県・稲武町経済課課長　＊P.121〜

秦　誠(はた まこと)

1968年、兵庫県生まれ。神戸市建設局。こうべ森の小学校スタッフ。ばあぴ連神戸代表　＊P.131〜

深澤 光(ふかざわ ひかり)

1959年、東京都生まれ。岩手県林業技術センター。薪割りクラブ代表世話人　＊P.98〜

藤本浩二(ふじもと こうじ)

1968年、熊本県生まれ。天草地域森林組合。環太平洋浄化300年計画　＊P.140〜

松永良平(まつなが りょうへい)

1956年、長崎県生まれ。パペット&カフェガーデンオーナー　＊P.111〜

水野一男(みずの かずお)

1951年、岐阜県生まれ。㈲木文化研究所。環境プロデューサー　＊P.119〜

森 由紀夫(もり ゆきお)

1955年、愛知県生まれ。㈲木文化研究所。ランドスケープデザイナー　＊P.119〜

山田隆信(やまだ たかのぶ)

1969年、山口県生まれ。山口県林業指導センター。きっこりーず　＊P.137〜

山本香代子(やまもと かよこ)

兵庫県生まれ。NPO法人里山倶楽部運営会員　＊P.124〜

横井昭一(よこい しょういち)

1968年、神奈川県生まれ。神奈川県公園協会。エコレストラン研究会。七沢森林公園雑木林ファン倶楽部　＊P.104〜

吉野 勝(よしの まさる)

1954年、神奈川県生まれ。㈲ログキャビン代表取締役　＊P.101〜

編者・執筆者＆執筆分担一覧

50音順掲載。敬称略。主な所属・役職名は2003年6月現在。＊印の数字は執筆ページの初出を示す。執筆者は各項目の文末に明記。同一執筆者の項目が続く場合は初出項目の文末に名前を明記し、名前の後に「〜」をつけ、最終項目の文末の名前の前に「〜」をつけている。なお、一部の文末無記名の箇所は編者の指導、助言を受けたり、取材したりしながらライター（神原恵里子、村田 央）と編集部がまとめたもの、また、本文中の価格は2003年6月現在の本体価格である。

鮎川日出香（あゆかわ ひでか）
　大阪府生まれ。NPO法人里山倶楽部運営会員　＊P.124〜

荒川純太郎（あらかわ じゅんたろう）
　1942年、兵庫県生まれ。地球市民共育塾（共生庵）主宰　＊P.134〜

大亦義朗（おおまた よしろう）
　1950年、大阪府生まれ。NPO法人里山倶楽部副代表理事　＊P.124〜

河西広実（かさい ひろみ）
　1948年、長野県生まれ。㈲河西代表取締役　＊P.108〜

田中秀幸（たなか ひでゆき）
　1952年、福井県生まれ。今立町八ッ杉森林学習センターマネージャー　＊P.114〜

寺川裕子（てらかわ ひろこ）
　大阪府生まれ。NPO法人里山倶楽部理事　＊P.124〜

中川重年（なかがわ しげとし）
　1946年、広島県生まれ。神奈川県自然環境保全センター。全国雑木林会議　＊P.2〜、P.12〜、P.26〜、P.42〜、P.66〜

窯焼きピザをピールで引き出す

●

デザイン――寺田有恒
撮影――三戸森弘康　ほか
イラストレーション――角 愼作
写真協力――鈴木 清(マイ・ピザ窯派)
国井加代子(斐伊川くらぶ)
相場道也(叢園舎)
七沢森林公園雑木林ファン倶楽部
玉川アルプホルンクラブ
自然工房　七沢森の家
森の学校
取材協力――中村裕之　横井昭一　中川 懊
河西大地　飯田幸一　福本建明
東急ハンズ渋谷店　ダーシェンカ
㈱ツジ・キカイ　長野総商㈱
アウベルクラフト㈱　日本電産シンポ㈱
㈱フリーハンド　中京築炉工業㈱
編集協力――神原恵里子　村田 央
校正――中村真理

編者プロフィール

●中川重年（なかがわ しげとし）

1946年、広島県生まれ。神奈川県自然環境保全センター専門研究員を経て現在、京都学園大学教授。全国雑木林会議、バウムクーヘン・アルプホルン・ピザ普及連盟（全国森林レクリエーションプログラム開発研究会、通称パアピ連）。主な編著書に『再生の雑木林から』、『窯焼きピザは薪をくべて』、『焚き火大全』（いずれも創森社）など

手《て》づくり石窯《いしがま》BOOK《ブック》

2003年7月23日　第1刷発行
2011年2月8日　第6刷発行

編　者——中川重年《なかがわしげとし》

発行者——相場博也

発行所——株式会社 創森社
〒162-0805 東京都新宿区矢来町96-4
TEL 03-5228-2270　FAX 03-5228-2410
http://www.soshinsha-pub.com
振替 00160-7-770406

組　版——有限会社 天龍社

印刷製本——中央精版印刷株式会社

Printed in Japan ISBN978-4-88340-159-8 C0077

"食・農・環境・社会"の本

http://www.soshinsha-pub.com

創森社　〒162-0805 東京都新宿区矢来町96-4
TEL 03-5228-2270　FAX 03-5228-2410
＊定価（本体価格＋税）は変わる場合があります

農的小日本主義の勧め
篠原 孝 著　四六判２８８頁１８３５円

ブルーベリー ～栽培から利用加工まで～
日本ブルーベリー協会 編　Ａ５判１９６頁２０００円

週末は田舎暮らし ～二住生活のすすめ～
松田 力 著　Ａ５判１７６頁１６００円

ミミズと土と有機農業
中村好男 著　Ａ５判１２８頁１６８０円

身土不二の探究
山下惣一 著　四六判２４０頁２１００円

炭やき教本 ～簡単窯から本格窯まで～
恩方一村逸品研究所 編　Ａ５判１７６頁２１００円

雑穀 ～つくり方・生かし方～
古澤典夫 監修　ライフシード・ネットワーク 編　Ａ５判２１２頁２１００円

愛しの羊ヶ丘から
三浦容子 著　四六判２１２頁１５００円

ブルーベリークッキング
日本ブルーベリー協会 編　Ａ５判１６４頁　１６００円

安全を食べたい
遺伝子組み換え食品いらない！キャンペーン事務局 編　Ａ５判１７６頁１５００円

炭焼小屋から
美谷克己 著　四六判２２４頁１６８０円

有機農業の力
星 寛治 著　四六判２４０頁２１００円

広島発 ケナフ事典
ケナフの会 監修　木崎秀樹 編　Ａ５判１４８頁　１５７５円

家庭果樹ブルーベリー ～育て方・楽しみ方～
日本ブルーベリー協会 編　Ａ５判１４８頁１５００円

エゴマ ～つくり方・生かし方～
日本エゴマの会 編　Ａ５判１３２頁１６８０円

農的循環社会への道
篠原 孝 著　四六判３２８頁２１００円

炭焼紀行
三宅 岳 著　Ａ５判２２４頁２９４０円

農村から
丹野清志 著　Ａ５判３３６頁３０００円

この瞬間を生きる ～インドネシア・日本・ユダヤと私と音楽と～
セリア・ダンケルマン 著　四六判２５６頁　１８００円

台所と農業をつなぐ
大野和興 編　山形県長井市・レインボープラン推進協議会 著　Ａ５判２７２頁　２０００円

雑穀が未来をつくる
国際雑穀食フォーラム 編　Ａ５判２８０頁　２１００円

一汁二菜
境野米子 著　Ａ５判１２８頁１５００円

薪割り礼讃
深澤 光 著　Ａ５判２１６頁２５００円

熊と向き合う
栗栖浩司 著　Ａ５判１６０頁２０００円

立ち飲み酒
立ち飲み研究会 編　Ａ５判３５２頁１８９０円

土の文学への招待
南雲道雄 著　四六判２４０頁１８９０円

ワインとミルクで地域おこし ～岩手県葛巻町の挑戦～
鈴木重男 著　Ａ５判１７６頁２０００円

一粒のケナフから
ＮＡＧＡＮＯケナフの会 編　Ａ５判１５６頁１５００円

ケナフに夢のせて
甲山ケナフの会 協力　久保弘子・京谷淑子 編　Ａ５判１７２頁１５００円

リサイクル料理ＢＯＯＫ
福井幸男 著　Ａ５判１４８頁１５００円

すぐにできるオイル缶炭やき術
溝口秀士 著　Ａ５判１１２頁１３００円

病と闘う食事
境野米子 著　Ａ５判２２４頁１８００円

百樹の森で
柿崎ヤス子 著　四六判２２４頁１５００円

ブルーベリー百科Ｑ＆Ａ
日本ブルーベリー協会 編　Ａ５判２２８頁　２０００円

産地直想
山下惣一 著　四六判２５６頁１６８０円

大衆食堂
野沢一馬 著　四六判２４８頁１５７５円

焚き火大全
吉長成恭・関根秀樹・中川重年 編　Ａ５判３５６頁　２９４０円

納豆主義の生き方
斎藤茂太 著　四六判１６０頁１３６５円

つくって楽しむ炭アート
道祖土靖子 著　Ｂ５変型判８０頁１５７５円

豆腐屋さんの豆腐料理
山本久仁佳・山本成子 著　Ａ５判９６頁１３６５円

スプラウトレシピ ～発芽を食べる育てる～
片岡芙佐子 著　Ａ５判９６頁１３６５円

玄米食 完全マニュアル
境野米子 著　Ａ５判９６頁１４００円